笑着做班主任

幸福老班的带班密码

杨卫平 / 著

大夏书系·全国中小学班主任培训用书

华东师范大学出版社
·上海·

图书在版编目（CIP）数据

笑着做班主任：幸福老班的带班密码 / 杨卫平著. 上海：华东师范大学出版社，2024.
— ISBN 978-7-5760-5295-4

I. G635.16

中国国家版本馆 CIP 数据核字第 202464QM17 号

大夏书系 | 全国中小学班主任培训用书

笑着做班主任：幸福老班的带班密码

著　者	杨卫平
责任编辑	卢风保
责任校对	杨　坤
封面设计	奇文云海 · 设计顾问

出版发行	华东师范大学出版社
社　　址	上海市中山北路 3663 号　邮编 200062
网　　址	www.ecnupress.com.cn
电　　话	021-60821666　行政传真 021-62572105
客服电话	021-62865537
邮购电话	021-62869887
地　　址	上海市中山北路 3663 号华东师范大学校内先锋路口
网　　店	http://hdsdcbs.tmall.com/

印刷者	北京密兴印刷有限公司
开　本	700×1000　16 开
印　张	14.5
字　数	205 千字
版　次	2024 年 10 月第一版
印　次	2025 年 5 月第二次
印　数	6 101–7 100
书　号	ISBN 978-7-5760-5295-4
定　价	62.00 元

出版人　王　焰

（如发现本版图书有印订质量问题，请寄回本社市场部调换或电话 021-62865537 联系）

谨以此书献给我的家人，
感谢他们的理解与支持。

自序

如果"笑着"可以成为我的职业标签

这本书我是笑着开始写的。

我为它准备了整整 6 年。

2017 年春节,卢风保编辑约我在北京面谈。他略加思索,就有了这个书名。这刚好与我此前写的一本书《笑着做教师》相呼应。这本书,我想与旧作联结,又想写出新意,但我一直未能找到想要的感觉。我就慢慢地寻觅,慢慢地等待,一直到今天。

本书的关键词是"笑着"。

笑着,是喜气洋洋的面部表情。就像歌里唱的:"你笑起来真好看 / 像春天的花一样 / 把所有的烦恼所有的忧愁 / 统统都吹散……"班主任的笑着,不仅是愉快的表情,也是个人亲和力和班级凝聚力的一种表达。

笑着,是发自内心的欢喜声音。试想,班主任走进教室,看见每一个学生,都会发出愉快的笑声,那是一种怎样美好的场景呢!

笑着，是称心如意的心情，是胸有成竹的心理。凡事不急不躁，不忧不惧，从容豁达，不转嫁压力，把每一天过出喜气。

笑着，是陪伴成长的情绪价值。日复一日，年复一年，师生同频，双向奔赴，身心愉悦，共同奋斗，创造更美的生活，成为更好的自己。

笑着，是轻松自如的教育方法。以幽默，以风趣，以热忱，面对问题，分析问题，解决问题。

笑着，是以人为本的教育理念。班主任的一切言行均指向人的发展，理解学生的言行，原谅学生的过错，激发学生的成长，慢一点，实一点，细一点，开心一点，播种大爱，收获成长。

笑着，是生命友好的精神气质。女生馨元的小学班主任吕老师是我的读者。吕老师想得到一本我的签名版著作。我知道后，跟馨元签订君子协定：如果期末考试她的成绩有进步，我就送给她两本书，一本给她，一本给吕老师。成绩出来，她不但没进步，反而倒退了。按约定她得不到我的书。可是，吕老师在等着我的书。于是我和馨元修订了君子协定：我先送书，她下学期达成目标。馨元回家后给我发微信说："杨老师，下学期我肯定会进步。"果然，一个学期后，馨元取得了优异成绩。

笑着，是调节繁忙工作的松弛感，是驰而不息、从容不迫、享受过程的职业追求，是知足常乐的生命状态，是气定神闲的魅力风度，是登高望远的境界格局，是对学生的成长满怀美好期待，又葆有静待花开的可贵情怀。

如果"笑着"能成为我的职业标签，那简直是莫大的荣幸。

"笑着"二字，蕴含特别的魅力，彰显教育的神奇。那么，如何笑着做班主任？本书从八个方面阐述，力求做到理论与实践相结合，使表述具有思想性、可读性和可操作性。

1.笑着观察。《道德经》说："天下大事，必作于细。"教育是一项宏大的事业，却要从细小处开始，所以班主任要擦亮双眼，在日常中，在细节里，以明丽愉悦的心情，观察孩子的言行举止、精神风貌、情绪流露，从中发现孩子的天性和需求，探寻成长的合适路径，创造教育的因缘际会。

2. 笑着倾听。不以成人的思维去要求和解读孩子，不声色俱厉地呵斥孩子，而是如卢梭所说："把儿童当作儿童。"倾听孩子的心声，了解孩子，懂得孩子，唤醒孩子，激发孩子，帮助孩子，陪伴孩子，托举孩子。要让孩子因为我们的倾听，而拥有情绪的出口、表达的愿望、被理解的舒心、解开迷津的畅快，还有被重视、被陪伴的幸福。

3. 笑着言说。班级里，班主任占有最强话语权。班主任言说的形式有很多种，笑着言说是最高级别。"谈笑间，樯橹灰飞烟灭。"举重若轻，是何等的体貌不凡，言谈卓绝，见识广博，大智大勇，儒雅气度，师表风范！我敢说，单把"笑着言说"四个字科学合理地落实下去，就可以成为一名出色的班主任。

4. 笑着行动。班级的发展，要靠班主任的行动引领。如何以高屋建瓴的思想指导自己的行动？如何以有效的行动推动班级整体发展和学生的个体成长？笑着无疑是最好的策略。

5. 笑着思考。班主任是一个班级的领导者、决策者、规划者。班级文化建设、学生成长、活动开展、家校共育，都需要有缜密而科学的思考，如果班主任在轻松愉悦的状态下投入思考，就一定会智慧满满，获益多多。

6. 笑着评价。新的时代，带来育人方式的变革。成长中的学生，发展着的孩子，催生新的评价方式：多元化、动态化、增值化、过程性、综合性。这些评价方式，无一不要求班主任有大格局、大境界、大视野，着眼未来，立足现在。本书全方位、多维度解码笑着评价的方法论。

7. 笑着记录。每个班级的发展，每个孩子的成长，都是一段鲜活的历史。"好记性不如烂笔头"，班主任常写作，也指导学生勤动笔，以幽默的笔触，以生动的语言，记下温暖感人的班级故事、激动人心的成长瞬间、灵动有趣的心灵思考，也就是积累班级发展的科研素材，催生班级建设的科研课题。

8. 笑着分享。近年我常常收到一线班主任的来信，他们向我提出了一些关于班主任工作的疑问，也提出了教师子女的教育问题，我力求调动诙谐轻松的语言系统给予解答。本书精选了我对6个板块17个问题的解答,希望给读者朋友带来实在又实际的帮助。

有人说:"武功的最高境界是微笑,因为微笑没有对手。"近年,我们和我们的学生经历了新课程、新教材、新高考、"双减"政策等重大教育变革,也受病毒侵扰,经受着身心考验,在这种背景之下,笑着做班主任,显得尤为珍贵。这也是时隔6年,我终于静下心来写作本书的初衷和缘由。

教育事业并非都充满了欢乐,班主任工作更是常常令人身心俱疲。我们渴望改变现状,享受职业幸福。那么,我们不必这么用力过猛却又苦不堪言。我们完全可以跳出窠臼,树立新理念,形成活思想,拿出新行动,开创新境界。

解放自己,舒展身心,笑着做班主任,保持积极向上的精神状态,是我在几十年班主任光阴里,在平凡又曲折的岁月中,得出的经验,悟出的道理。

曾有媒体评价我:"笑里有智慧,一笑暖人心。"我怀着诚恳的心意,把笑着做班主任系统性的所思所想、所作所为奉献出来,祈望在这新的春天,播下一颗笑着的种子,在读者朋友的心中生根、开花、结果。

愿每一位班主任嘴角上扬,眼含笑意,喜上眉梢,邂逅大喜悦,创造小确幸。那么,我们的学生,那些生动活泼的生命,去探索未知的世界,去创造具体可感的幸福,定然也充满了果敢与灵气,轻松与愉悦。

如此,该是多么美好!

2023年1月22日(癸卯兔年正月初一)于江苏南通

目 录

第一章 笑着观察

一、观察姓名，巧记新生　　005
二、从学生姓氏看到教育资源　　008
三、从学生装束看日常美育　　011
四、从学生纠错看个体成长的潜力　　013
五、从班级活动看学生自我教育的契机　　015
六、从集体的问题看到集体的力量　　016

第二章 笑着倾听

一、听听孩子的内心想法　　027
二、听听孩子的精神需求　　032
三、听听孩子的处事态度　　034
四、听听孩子的情绪表达　　039
五、听听孩子的青春志趣　　042
六、听听孩子的心灵故事　　044
七、听听学生家长的反馈　　046

第三章 笑着言说

一、班主任言说讲分寸　　051
二、舍得花时间和孩子友好对话　　052
三、善做"捧哏王"，调动学生积极性　　055
四、笑着言说，也适用于批评学生　　058
五、笑着言说温馨小贴士　　062

第四章 笑着行动

一、巧排座位，益处多多　　071
二、适性扬才，人尽其能　　076
三、随手一拍，身教无言　　113
四、深切理解，允许差异　　116
五、毕业不散场，上好离校课　　120

第五章 笑着思考

一、笑着思考，让搭档合作惬意　　125
二、笑着思考，推动学生积极向上　　128
三、笑着思考，使家校配合默契　　130
四、笑着思考，提升育人智慧　　133

第六章 笑着评价

一、重视精神陪伴与心理疏导　　140
二、研究合适的复习方法　　151
三、研究考试过程　　155
四、建立科学的评价观　　157
五、拓展多元的评价方式　　161

第七章 笑着记录

一、日常随笔，生发教育科研灵感 … 171
二、微记录，创建教育科研新样式 … 176
三、轮写班级日志，积累科研素材 … 189

第八章 笑着分享

一、专业修养：持续努力 + 终身学习 … 199
二、班级建设：解放心灵 + 引领成长 … 200
三、师生关系：正向思维 + 情绪价值 … 203
四、家校共育：宽容理解 + 优化方法 … 208
五、职业幸福：与时俱进 + 更新自我 … 210
六、子女成长：厘清认知 + 有效陪伴 … 214

后记 笑着，写着 … 217

第一章 笑着观察

班主任常常是辛苦疲累的。这种辛苦疲累，多半来源于我们说教得多，训斥得多，观察得少。从说到看，转换一下角度，就能减轻很多负担。

一天傍晚放学，年轻的班主任李老师找到我："杨老师，我每天到校早，回家晚，可是，我才当了一个星期的班主任，就好像当了一辈子苦行僧，度日如年！每天早晨，我把背包和电脑放进办公室，就赶紧从后门进教室。唉，都说美好的一天从早晨开始，可是，每一个早晨，我看到的都是一片混乱：不交作业的、不好好做值日的、坐到座位上发呆却不读书的……一想到明天又是这样，我就害怕。我可怎么办啊？"

她的眼泪落下来。我递给她面巾纸，她没接。她伸开手，原来她自己早已备好面巾纸。来找我之前，她就知道自己会哭。

待她擦干眼泪，我说："姑娘，你一定能胜任班主任工作，因为你不是靠嘴巴说教，没有给学生提要求、下命令，而是很善于观察，通过观察看到了学生的不足。不过，我建议你试着换个角度观察。首先，不要从后门进教室。因为从这个角度，你看见的是后脑勺、脚后跟，看不见孩子鲜活的面孔、生动的表情——孩子是这个世界上最好看、最富有生机的人，他们的表情会让我们这些在滚滚红尘里奔波劳碌的大人怦然心动。其次，你不要看谁不交作业、谁不做值日、谁不读书，你要看谁交作业、谁做值日、谁读书，把他们的名字写到黑板上——一个人的名字，就是他的荣誉。每一个人都愿意自己的名字被写下来。写名字也有技巧，找出每个人名字中不同于他人名字的一个字写下来就行，比如'李桂花'这个名字，只写一个'花'就可以了。写下这些名字时，不要笼统地写表扬谁谁谁，而是要具体到哪些地方值得表扬，比如主动交作业的有张同学、王同学，认真做值日的有李同学、赵同学，专注读书的有孙同学、钱同学——你写着写着，心情就不那么烦了，学生也就理顺了。因为师生所感受的都是正面的舆论导向，都愿意成为更好的人。你虽然没有说话，但黑板和粉笔已经代言了。"

　　李老师破涕为笑，她说："杨老师，我凭直觉已经感受到您说的方法管用。明天早晨肯定和今天早晨不一样。"

　　第二天，她试用，果然奏效。慢慢地，她不再害怕当班主任，而是从中体验到快乐了。这是为什么呢？因为负面的观察、关注、提示、批评，只看到学生的不足，看不到学生的长处，不仅让班主任自己不开心，也会牵扯出学生的坏情绪。而带着坏情绪的人，只会拿更坏的情绪与别人较劲，与自己较劲，久而久之就会形成恶性循环，没有愿望、动力和激情把事情做好，更没有愿望、动力和激情去探索知识的奥秘，去创造性地学习。反之，一个精神愉悦的人，身心单纯，学习、做事都充满乐趣，有好奇心和探索欲。这样的师生，好情绪相互传染；这样的班级，一天比一天好。

　　李老师就是这样做好班主任的。有一次，我从学校打车出门。一上车，师傅就问我："您是这个学校的老师吗？我女儿是上一届从这里毕业的。她的班主任是教英语的李老师。我女儿现在在××学校上高中，英语全班第一名，总成绩第三。这都是李老师教育的结果。李老师可厉害啊！"当年最怕当班主任的李老师，使用笑着观察学生的方法，已经成为"别人家的班主任"了。

　　班主任常常是辛苦疲累的。这种辛苦疲累，多半来源于我们说教得多，训斥得多，观察得少。从说到看，转换一下角度，就能减轻很多负担。

　　那么，班主任要观察什么？怎样观察？

一、观察姓名，巧记新生

每一个新任班主任都想早点记住学生的名字，以便更早更顺地开展工作。我通过观察，总结了"观察姓名巧记新生七法"：

1. 桌签法。桌签最简单的做法，是把一张白纸折叠、粘合，做成三角形支架状，直接放置或者粘贴在课桌一角，成为个人的名片、班级的人文景观。桌签可让学生自制。孩子是极富想象力的，在名字旁边配插图、写座右铭，正反面都利用上，一面写中文名，一面写英文名——都是好创意。粘贴时，直着贴，横着贴——都是好贴法。我们允许孩子存在思维差异，不要一个标准定正误。原创设计，先不讲正误，只培养敢为天下先的勇气。每一个桌签背后，都藏着有趣的童心。而有趣，不仅是童年的幸福源泉之一，也是人的一生中重要的幸福源泉之一。所以，设计、制作桌签，老师尽可放手让学生自己做。桌签放在课桌上，上课时老师走走看看，一边讲课，一边记名字，科学地利用资源，很便捷。

2. 归类法。记名字要注意区分。相同姓氏的归为一类来记，比如方文善、方梓钰放在一起记；名字中有相同或相近字的归为一类，比如吴颖、张颖放在一起记；名字中有生冷字的归为一类，比如赵圉歌、程忾放在一起记；名字中有既定词语的归为一类，比如周末、焦点、韦晨曦、郭欣然、王凯歌放在一起记。相近的名字，虽然像彩线穿珠，易记易辨，但和名字相应的人脸又易遗忘，怎么办呢？反复看脸，找特征，有助于记名字。

3. 联想法。由此及彼，打开思路，比如从"卫轩"这个名字想到西汉名将卫青，由"张思童"这个名字想到人民英雄张思德。有时还可以利用与往届学生名字的相似度来记，比如李逸丽，追溯到往届学生李逸东，这两个名字中有两个字相同。认识新学生，不忘老学生，也蛮有意思。

4. 解字法。说"名"解字，挖掘名字中的文化内涵。如万嘉宁，万家美好而安宁；又如茹文慧，茹家有女，文静聪慧——这样玩玩文字游戏，蛮轻松，无压力。

5. 对比法。相互对比，求同存异。名字中的不同点，对比着记，就不难了，如王一帆与李一凡，后两字是谐音字，一下子记住两人。

6. 调侃法。幽默风趣，易读易记。如学生名叫刘盈，我们叫她"皇上"或"汉惠帝"；又如王家郑的名字则可趣解为"王者风范，家在郑州"。

7. 复习法。名字刚记上，转眼又忘了；在座位上坐着认识他，下课在校园里跑着玩或来办公室问问题，却又想不起。怎么办？不断复习，重复记忆。跟学生说话时，叫当事人的名字，如："张丽，你看……""你看这样行吗，张丽？"

学生的名字，也承载着父辈乃至一个家族的期待与厚望。接新班，尽早记住学生的名字，是对学生的重视，也是班主任良好状态的体现。出于对学生的尊重和班主任的自我要求，我们要把学生的名字记准确，不要草率地写成同音字，更不能写错别字，比如他是姓"武"还是姓"伍"，要记牢。

当老师以自己的记忆速度和严谨态度赢得学生的好感，就应了孔子的话："亲其师，信其道。"笑看学生姓名，巧记学生特征，创建良好师生关系，制造有趣故事，诸君不妨一试。

新班级，新学生，关于姓名，也有特殊情况发生。

比如，有个女生的名字中有个"帆"字，我就根据字典上唯一的读音把它念成 fān。可是，下课后女孩来找我："老师，我的名字中的'帆'，读第二声 fán，不读第一声 fān，我小学六年同学们都是这样念的，习惯了。"

我笑："孩子，习惯了并不意味着就是对的。我是个语文老师，这个字明明只有第一声这一个读音，我不敢读错啊。"

她没吭声，离开了。上课我提问她时，顺便又说了她的名字。不料想，她忽然哭起来。她大概是不愿意在公共场所成为焦点人物。现在想来，我那时也太好为人师了。

后来，再接新生时，拿不准的名字，我不再贸然去叫。

比如，章少琰。他名字的最后一个字，读音是 yǎn，本义为"一种玉"。我考虑到这个字做人名时，很多人习惯读成 yán，就先问他本人怎么读这个字。他说读 yán。我把字典上的读音给他看。

这个眼睛大而亮的男生一脸惊讶："啊？我妈妈一直告诉我读 yán 呀！我这样读了 12 年！"

哈哈哈，我被他逗笑了。我说："回家跟妈妈交流一下呀！"

第二天，他告诉我，妈妈说，知道读 yǎn，但她觉得读 yán 更好听，就读 yán 咯。

于是我叫他"章少"，省去那个"琰"字不念。我是语文老师，想要把字音读准，又要尊重他妈妈的意见，那我就变通一下，这样叫咯。

比如，华一菡。菡萏是荷花的别名，菡的读音应该是 hàn，但是用作人名时，很多人习惯读 hán。我询问她本人，她果然说是读 hán。于是我避开那个字，叫她"小华"。这样以昵称示好，不至于一开学就让孩子心中有疙瘩。后来老师和同学们都觉得好玩，也跟着我这样叫。班级发展中总有些小事，关乎人的情绪，关乎人的心情，关乎人际关系，我们还是要观察仔细些。

找规律，勤总结，轻轻松松记住学生的名字，其实也不是一件小事。当年我从家乡信阳来到现在的学校任教，中途接班，学生不接受，我就是靠两天内叫出全体学生的名字，赢得他们的肯定和赞赏的。

2010 年，我随团去新加坡参加名师培训。破冰环节，别人都有才艺展示，我没有任何特长，情急之下，我说出了 48 个陌生同行者的姓名、所在单位及任教学科，伙伴们颇为惊讶。多年以后，他们还在赞叹我所谓超强的记忆力。其实哪是什么记忆力超强，不过是多用眼睛观察，多用心记而已。

2024 年，我再次随团赴新加坡参加名师研修。团里 36 个人，我也是一下子记住所有人的姓名、任教学科和工作单位。伙伴们想要交流，又叫不上对方的名字，都来问我。记住别人的名字，帮助了别人，也拓展了我的人脉。

二、从学生姓氏看到教育资源

教育是个慢工,也是细活,需要我们耐心地做。教育不是万能的,尽管我们付出心血,也不能把每一个孩子都教好。我对小周同学的教育就属于这种情况。他读七年级时表现很差,我努力帮他,几无效果。我有些懊恼,但也没有更好的办法。

新学期第一天,我一到学校就看到多了一面励志墙,墙壁上有一则名人名言:

为中华之崛起而读书。——周恩来

我一眼锁定"周"这个字,决定试试用姓氏来教育小周同学。

与孩子交流是要有准备的。我查阅了大量资料,掌握了周姓的一些知识之后,把他叫到励志墙前面,请他读一遍这则名言。

他读完,脸微微有点红。

我笑道:"这句话是你们周家人说的。你不好好学习,周家祖祖辈辈都不答应!"

小周的脸更红了。

卢梭说过,发脾气、讲道理和刻意感动,是世界上最没用的三大教育方式。教育有隐蔽性。那么,我就顺势而为,不动声色,走一步,再走一步。

我说:"来,咱俩捋一捋,看看你们周家还有哪些名人。"

他说:"老师,我读书少,我只知道周恩来、鲁迅、周瑜。"

我说:"没错,他们都是你周家名人。你知道吗,鲁迅先生与周恩来同宗呢!"

他摇头:"不知道。"

我说:"据史料记载,这一脉周家,上溯到宋朝,是儒家理学思想的开山鼻祖周敦颐。周敦颐为儒学研究开拓了新路,其历史地位有多高呢?有人评价他'其功盖在孔孟之间'。周敦颐出身河南驻马店汝南周氏一支。汝南周氏,历代人才辈出，青史不绝，被称为'最后的贵族'，如今，周氏后裔广泛分布在豫、江、浙、湘、赣、粤、闽等省并移居繁衍至海外，仅新、马、泰等地的周氏后裔就超过了30万人。你回去问问你爸爸，看看你们是不是汝南周氏。如果是，你可不是一般人，你是名门之后哩！"

"啊？真的吗？"小周惊喜地看着我，眼里亮着小星星。

第二天，他告诉我："老师，我爸爸说，他不知道我们是不是汝南周家，他只知道我们是登封周家。"

我窃喜。看来，我可以利用这个"周"字来试着做点文章。

我笑道："一笔难写两个'周'字，不管你是哪里的周家，你都是名门之后。"

从八年级上学期到九年级下学期这两年的时间里，我没有再叫他的名字，而是称他"名门之后"。不仅我叫他"名门之后"，我还发动全体师生都这样称呼他。

他上课睡觉，我走过去轻轻把他推醒，笑眯眯地说："名门之后，你老师喊你起来读书啦！"

于是，他迷迷糊糊地醒来，迷迷糊糊地读书。

过了一会儿，他又睡着了，我就又去把他推醒，仍然笑眯眯地说："名门之后，你老师又喊你起来读书啦！"

他不愿意做作业，我说："那可不行，哪有名门之后不写作业的！当然，念及你是名门之后，我给你适当减少作业，别人做五道题，你做两道，但要求两道全对。不会做，你就向老师和小伙伴请教。主动提问还有电子喜报发给你爸妈。"

他两道题全部做对，我就及时给予具体的肯定与赞美："嗯，做得不错，条理清晰，格式正确，书写认真。不愧为名门之后！"

他心花怒放，我持续推进。他每一天都有小进步，我每一天都有小欢喜。

这样过了一段时间，我趁他高兴之际提出新的要求："名门之后还要继续进步呀,今天再加一道题,做三道,要全对哦!"

以此类推,我用同样的方法,要求他做四道题、五道题,慢慢地他的作业量和作业正确率就赶得和别人一样了。

我用了两年的时间,陪伴他成长与进步。初中毕业时,他已经是个成绩中上等的学生了。

到了高中,他更加懂事、努力,考上了理想的大学。

他来给我报喜,我快乐着他的快乐。

某年10月6日深夜,他打来了电话:"老师,跟您说个不幸的消息,我妈妈不在了。"

他妈妈还不到50岁!我惊惶至极。

他哭着说:"国庆节妈妈去看看姥姥时出车祸了!前几天我不知道痛,今天妈妈的遗体火化了,老师,我没有妈妈了!"

隔着电波,我陪着他哭,安慰他:"孩子,妈妈虽然不在了,可是这个世界上爱你的大有人在!有什么需要的,尽管跟我们说!"

我相信,当他确定这个世界有人在爱他的时候,他一定会得到些许安慰。

一个多月以后,我在街上遇见他爸爸。他爸爸十分憔悴,瘦得脱了形。

我不能再揭伤疤,只好含糊其词:"周先生,多保重!"

他爸爸意识到我知道了此事,问我:"杨老师,孩子跟您说了?"

我点头。

他说:"这是我们家突如其来的灾难和不幸,我们只告诉了最亲近的人。"

我被感动。孩子在痛失母亲、遇到人生灾难的时候,想到了我,无非是我当初通过观察,用一则名言、一个姓氏,帮助过他。

这件事过去几年后,我去安徽黄山讲课。

接送我的司机吴师傅跟我说:"杨老师,您知道吗,我工作之余就研究族谱。每当这个时候,我就像和祖先对话,这让我奋起。我以前可不是这样。以前我收了工就到处游荡,喝酒、打牌,自从我研究族谱以后,街坊邻居都说我脱胎换骨了。这几年我通过自己的努力，给家里盖了四层小楼呢。"

我一下子联想到周同学的成长故事。原来，我在他姓氏上做的文章，是唤醒他、帮助他去寻找自己的DNA，寻找自己的生命之源。

这不仅仅是一个姓氏的问题。校园处处是契机，只要我们心里有孩子，一定能有所见，有所用。

三、从学生装束看日常美育

一个星期五的早晨，我看见最后一排的女生轩轩发型很好看：脑后绾出漂亮的麻花辫，别上卡子，插上银簪，端庄而雅致。

我用手机拍下她的发型，用微信发给她妈妈。

她妈妈回复："孩子可臭美了！"

我说："挺好看的。爱美之心人皆有之！只要她手快，不在发型服饰上花太多时间就好。换句话说，毕业年级还能这样爱美，也很难得。孩子状态很好，学习非常专注，也很上进，明年一定能上理想的学校。我们多观察，多引导，多鼓励，未来不可限量。"

她妈妈回复："谢谢杨老师对孩子的关注。本来早上我就想跟她说的，怕影响她一天的心情，想想放学回来我再与她沟通吧。孩子特别喜欢您，还得麻烦您多提点。"

我回复："真是细心而有思想的妈妈。我们先不急于阻止她。我找时间跟她聊聊，我们再沟通。如果她扎头发不费时间，我们就支持她；如果她在头发上费时太多，我们就提醒她。总之，一切为了孩子的发展，而不是把大人的意志强加给她。我当时拍下这张照片，是因为好看，所以就立即分享给你。拍出来后，仔细端详，又考虑梳头是否很费时间。我们先调查，才有发言权。"

她妈妈同意我的看法。

下课，我找轩轩聊，她说扎头发用时不到五分钟。

我又给她妈妈发微信："她不费时间，咱不说她。"

她妈妈同意我的做法。

新周一，按照调位规则，轩轩的座位调到了第一排。一进门就看见她专心致志地读书。她的头发在脑后扎成了一个简简单单的马尾辫，朝气蓬勃，青春飞扬。少女的头发真是神奇，既可以通过发型展示端庄美，又能够以发型表达活力美。生活处处皆学问，学生发型的变化也值得研究，班主任仔细观察，适时引导，何尝不是审美教育呢？到了毕业年级，依然保持爱美之心，又不耽误学习，那她做人做事就一定是向美的，这又是值得弘扬的。这本书定稿的时候，轩轩已经是总成绩优秀，语文单科第一名了。

班主任的"观察式美育"，也适用于面向全体同学。

一个秋日的早晨，我走进教室，孩子们匍匐在桌子上，恹恹欲睡。

我热情洋溢地说："孩子们，抬起头，看看窗外的风景！"

孩子们抬起头看向窗外。那一刻，他们的睡意被美景驱散！只见那秋高气爽的时节，明丽的阳光照在树叶儿上，树叶儿透明又清澈。那是秋天校园里随处可见的一景，却也是我们师生生命中的美丽一瞬。

"自古逢秋悲寂寥，我言秋日胜春朝。"我们吟诵着刘禹锡的诗句，进入诗意课堂。

关于审美，师生是可以互相启发的。

也不知是因为天气的变化、时令的转换，还是因为我的心变得迟钝麻木，我再也不曾见过那样的美景。

某一个冬日，当我走进教室的时候，一个孩子喊道："老师，快看，窗外！"

我和其他孩子们顺着他手指的方向看过去，只见一轮红日冉冉升起，黄绿错落的树叶儿美丽可亲！我拿出手机拍下了那一幕。这世界真的是不缺少美，而是缺少发现美的眼睛。原来，一个班主任真的是美育老师，当我们时时处处去引导孩子观察美、体验美、欣赏美，美的种子就会在他们的心里落地、生根、发芽、开花、结果，这不仅培养他们的观察力、感受力、表达力，也帮助他们以美的使者身份传播诗情画意！而当我们疲惫或者麻木的时候，他们又反过来安抚我们的内心，唤醒我们渐渐流逝的浪漫情怀。一个小小的教育细节，经过几个月的发酵，酝酿成孩子的审美自觉与分享意识——教育，真的就是奇迹。每一个细节，都值得观察与捕捉。

四、从学生纠错看个体成长的潜力

这是多年前的一个故事，但我念念不忘。

连续三天下午，他都不多不少迟到半小时。我的心里开始有隐隐的不安，孩子们通常都是提早进教室的，而他这几天又总是走神，莫不是有什么事吧？我打他家的座机，无人接听；打他妈妈的手机，无人接听；打他爸爸的手机，他爸爸中午根本没回家。

但很快他爸爸就来学校了，这时他已经安然坐在教室里上物理课了。

事后我找他谈话，他说是午睡睡过了头。说来奇怪，总觉得他那几天有些异样，却也没有什么证据，就凭直觉——直觉也的确帮过我不少忙，我常常用它来处理一些棘手的班级问题，也常常有令人惊讶的效果，因此也常常有小小的得意。但是那天直觉就只是直觉，没有派上多大用场。

然而，我就是觉得这事蹊跷，我想探个究竟。

放学后，我悄悄跟着他。

我亲眼看着他进了网吧——我该怎么办？是把他移交给家长处理，还是直接把他从网吧里叫出来？

他的爸爸终日忙碌，他的妈妈望子成龙心切，若是知道她全力教育培养的儿子如此贪玩，会不会情急之下，口不择言，甚至大打出手？

我走进网吧，里面烟雾缭绕，空气污浊，放眼望去，多半是未成年人，我的心不由得紧张起来。

我走到他身边，他已经开始玩游戏了。

我轻轻拍了一下他的肩膀。他回头一看是我，很是错愕。

我小声说："跟我走！"

他很乖巧地起身随我走出来。

在门口，我给了收银员10块钱，说："这是我儿子，以后不要再让他来你们这里玩，否则我就投诉你们！"

出得门来，他诚惶诚恐："老师，我进了营业性网吧，学校会不会给我处分？我妈妈要是知道了，肯定会打死我的……"

我笑道："怕妈妈知道？那就做我的儿子吧，我决不动你一根手指头——但是，我要你一句承诺：从此不再进网吧玩游戏。若能信守诺言，我就放你一马，不上报学校，免你受处分。"

他立即一脸严肃地说："我保证从此不再进网吧玩游戏。君子一言，驷马难追。"

街头已是万家灯火了，他送我回家，俨然一个小小绅士。

他目送我上楼，跟我道别。我们似乎都已经忘记之前网吧里的尴尬。

10分钟后，他气喘吁吁地用座机打来电话："老师，我已经回家了。怕您担心，我一路跑……回来的。我用座机打电话，也是想告诉您，我没有再去网吧。"

孩子很有决心，后来也的确没有发现他再去网吧。我从他的状态里看到了他成长的潜力：他以顽强的毅力，说到做到，恪守诺言，好好培养，一定会有好的发展。后来，我多次召开班委会，拟订帮扶他的方案，不定期安排他充当小老师，给同学讲题，为班级做事，发挥他的正能量。他不断进步，越来越好，顺利地考上了理想的高中。

三年后的一天上午，我收到他发来的信息："杨老师，您好！我明天就要去××大学上学了。这是我用自律和努力换来的果实，我和爸爸妈妈都很开心。

自从那天您把我从网吧拉出来之后，我就觉得您温暖的目光，每一天都在我背后追随着我，伴随我健康向上地成长。亲爱的老师，亲爱的妈妈，您说过我是您儿子，孩儿给您鞠躬了！"

是的，更多的时候，班主任是要用眼睛而不是用嘴巴来工作的。感谢孩子给了我意外的惊喜，让我可以从细节中观察出问题，以适当的方法解决问题，我也因此而愿意把每一个犯错的学生当作自己的孩子。

五、从班级活动看学生自我教育的契机

爱因斯坦说过："所谓教育，是忘却在学校里所学的全部内容之后剩下的本领。"教育，就是生活本身。教是为了不教，是为了促进孩子自我教育，自由自在却有方向感地健康成长，不断从成长的过程中体会成就感。

七年级时，学校开展"春日放歌暨诗文朗诵比赛"。这是学校活动育人课程的一个经典项目，班级自选歌曲和诗文参赛。

我通过观察发现，班级不少人受我这个语文老师的影响，喜欢写作。我决定以此为契机，激发他们的创作欲望，培养他们的组织策划能力：我们不选名家作品诵读，而是由我根据当时的情境写了几段文字；孩子们读着这来自自己生活的文字，产生强烈共鸣，他们字斟句酌，提出了不少修改和朗诵意见；有几个女生也行动起来，共同创作出班歌，请音乐老师谱曲，我们又有了专属的歌唱作品。那次活动，我们是全校唯一的唱诵均用原创作品的班级。自己付出了心血的作品，孩子们格外珍惜，他们选领唱、分声部、编舞蹈、借服装、找道具，甚至巧设悬念，发动学生家长在现场给我送花，把这活动弄得风生水起，大获全胜。事后，孩子们总结：使用他人作品，容易与其他班级"撞车"，倒不如自己行动起来，打造自己的班级文化。以往这样的大型活动要累得我腰酸背痛腿抽筋，那次却很轻松。尝到了甜头，我就愈发想要减轻自己的负担，解放

自己，也培养孩子们。我决定抽身而出，退居"幕后"，擦亮眼睛，不断发现孩子们自我教育的契机。孩子们也越来越积极主动，他们查文献，看视频，制订方案，自行策划辩论赛、演讲赛、课本剧汇演，邀请老师们当观众，做得有模有样。

班级建设中，我不再是势单力薄、孤军奋战的说教者，而是普通一员。我仔细观察，参与孩子们的成长，但不主宰他们的成长；我参与集体的建设，但不指挥她的建设。我不是一个辛勤的园丁，不会像修剪小树枝丫一样去限制孩子们的言行，也不会像雕琢盆景一样去设计孩子们的现在和未来，因为所有的修剪和雕琢，都是园丁只图自己和别人养眼，却从未考虑树木花草是否疼痛和哭泣，从未低下身段看看树木花草的生命状态。要让孩子们享受生活的快乐、生命的欢欣，最好的办法是，认真观察，伺机而退，从参与者变为观望者，淡出"管理层"，悄然"隐身"。当然，这种脱身而去的观察法，不是一个成功的结果，而是一个打开班主任格局、长期观察、多次尝试的漫长过程。

《中国国家地理》曾刊文指出，全球生态最好的地方是无人区，因为只有在那样的环境里，各种生命才真正获得高度的自由，而每个生命本身都具有自律的本能和天性，靠着环境的包容和生命之间的竞争与协作，造就出"万物霜天竞自由"的原生态美妙世界。经过反复观察与体验，我确认了一点：最高明的教育方式，是集体中有班主任细心观察的明眸，管理时却不着班主任的痕迹，班级蓬勃发展的背后，是班主任"巧笑倩兮"的好样态。

六、从集体的问题看到集体的力量

班主任时常会为学生的学习方法、学习态度、学习成绩以及班级的学习风气，操心、费心、忧心，夙夜忧叹是常有的事。

曾经，我就是这样一位班主任。有一段时间，班上抄作业现象十分严重。

我采取了"围追堵截""严防死守"的战略战术，每天早早到教室，笔直庄严地屹立在讲台上，不给学生可乘之机。这一招果然奏效，抄作业现象消失了。

正当我准备为自己点赞、为胜利庆功时，才发现自己是五更天唱小曲——高兴得太早了。抄作业就像生命力顽强的草，"野火烧不尽，春风吹又生"。一天清晨，我早早去上班，途经学校旁边的快餐店，我定睛一看，两张长条桌合并在一起，四周坐满了我的学生。他们在结伴抄作业！我怒从心头起，奔上门口的台阶，准备箭步冲进门去，来个"一窝端"。然而，一个问题浮现在脑海中：这样将他们一举拿下，就能从根本上灭绝"抄袭门"吗？答案是不能。那就先隐藏自己。于是，我在即将"人赃俱获"的关键时刻取消了"抓捕"行动。

我悄然无声地悻悻走开。那一整天，我冥思苦想，希望能找到解决办法。可是，直到下午放学，也没有任何头绪。

"念念不忘，必有回响"，晚上睡前，我突然想到一句话："集体的问题，要用集体的力量来解决。"抄作业已经成为有预谋、有组织的大规模行动，想要阻止他们，我一个人的力量远远不够。第二天中午放学，我召集所有课代表开会，商讨查封"抄袭门"事宜。

课代表们意识到问题的重要性，一个个铁血丹心，目光炯炯，立志彻查"抄袭门"。

不久，物理课代表拿着一张纸条风风火火地来告诉我："老师，物理有8人抄作业，名单在这里。他们都对自己的抄袭行为供认不讳。"

我相信课代表的话。在我的班上，所有孩子都不说谎，因为我允许他们犯错。犯了错，只要敢承认，一律不给任何惩罚。我曾斩钉截铁地告诉他们："只要诚实，天大的错误，我和你们一起顶着！"在我看来，孩子诚实，我才能了解真相。了解了真相，我才能帮助孩子成长，所以我对诚实的孩子多一份宽容。

但是，这一次，课代表不能仅仅抓获抄袭者就把问题推给我。我要让他们更进一步发挥作用。

我淡然一笑："做事要彻底，你们发现了抄袭者，还要帮助他们'戒掉'抄袭的坏习惯。"

孩子的能量就是大金矿，值得开采。我对"抄袭门"袖手旁观，唤醒了课代表的主人翁意识。经过反复研究，他们真的搞定了。我听见有抄袭者小声嘀咕："太丢人！还必须到课代表那里'过堂'，以后可不敢抄袭。"

原来，经过反复研究，物理课代表用"三会"之法灭掉了"抄袭门"：抄袭者找同学请教，把题问会；在作业本上把题做会；找到课代表，把题讲会。

学生是成长的主人，他们的事，由他们自己来解决，才能触动更深。物理课代表的做法，在全班得到推广。经过反复碰撞与磨合，彻底杜绝了作业抄袭现象。

我尝到了甜头，也意识到课代表们力大无穷，班级学习事宜就交给他们了。

班主任要有这样的洞察力：从一个事件生发开去，打开更加广阔的教育"视界"。经过进一步观察，我发现课代表们在班风、学风建设中大有可为，便由目光所及过渡到更深入的心灵觉察，在班级成立学法研讨会，学习委员任会长，各科课代表任理事。他们要通过仔细观察，定期研究出科学合理的新学法，在全班推广。集体的力量被调动起来，就衍生出几种学法：

第一，小组提问抢答法。四人为一个学习小组，一人提问，三人抢答，答对以画"正"字计分。一轮提问结束，得"正"字最多的同学成为下一轮的提问者。当天得"正"最多的，加3分，可积攒起来用于以后免作业。免作业具有灵活的自主选择性，如果获得免写作业的机会，当天不想用，可储存起来，依据《学习公约》，留待后续自主选择免作业机会。

第二，以师带徒法。三人一组，安排一个优秀生充当师父，带两个徒弟：中层生和潜能生。师徒关系依据学习成绩的升降而更改。徒弟进步，师父一并获奖。所获奖励可依据《学习公约》兑换成积分，10分免一次作业。具体《学习公约》积分兑换细则如下：

学习公约

1. 读书：不添字，不漏字，不改字，不错字，不回读，10行加1分，上不封顶。积200分，奖励杨老师个人签名版著作一本。

2. 上课：回答问题有创见、作业写得好、每天积累一句自己喜欢的话并赏析、提出独到见解、主动请教问题、主动弥补知识漏洞、敢于质疑课本和老师，以及课代表的课堂激励语、课代表日常创意设计，以上任意一项做得好，加1分，可重复加分；上课不专注、睡觉、说话、传纸条，扣3分。

3. 作业：每日作业优秀加1分。大作文、手抄报完成得好，每次加5分；不能加5分的，每处亮点加1分。作业不按时提交，每次扣6分；作业没写全扣3分，并补齐。

4. 限时训练：第1名加6分，第2名加5分，第3—5名加4分，第6—10名加3分。保护隐私，名次只允许本人查询。

5. 期中考试：第1名加12分，第2名加10分，第3—5名加8分，第6—10名加6分，第11名到优秀线加4分。和上次期末考试相比，每进步10个名次加4分，进步5～9个名次加2分。保护隐私，名次只允许本人查询。

6. 期末考试：第1—5名寒暑假作业全免，第6—10名免2/3寒暑假作业，第11名至优秀线免1/2寒暑假作业。每进步10个名次加6分，进步5～9个名次加4分。保护隐私，名次只允许本人查询。

7. 每累积10分，免作业一次，或犯错误免批评一次。免后扣除10分。

8. 徒弟加分，师父同加。课代表分组记分，记错一次扣6分。

9. 起始分为0，无赠分。

10. 每月最后一个周五开总结会，扣12分以上者，给一周时间加分弥补；若到期没补齐，杨老师请吃午餐一顿，延期三天；若三天后仍没补齐，杨老师请吃晚餐一顿，然后在办公室写作业至20:00。学生被留学校，杨老师以合适的方式告知家长，以免他们担心，也请他们到时来接孩子。

11. 杨老师"三不"原则：不呵责，不惩罚，不转嫁责任。

12. 杨老师"三始终"原则：始终相信成长，始终陪伴孩子，始终充满希望。

未尽事宜，在具体实施过程中，根据实际情况和学生的发展需要，结合师生商讨结果，予以调整和改动。本公约解释权在学法研讨会。

第三，课前激励法。每天第一节课前，相关课代表要在黑板上写上一句激励语，让同学们一看见这句话就精神饱满，投身学习。比如，第一节是语文课，课代表可以这样写："玉兰花开绽芬芳，一声呼唤音悠长。语文世界有光芒，照得学子心亮堂。"

在孩子成长过程中，同伴的影响力远远超过大人的，无论你是老师还是家长，都不可高估自己对孩子的影响力，要瞄准时机，把孩子放置在强大的集体舆论之下，每个人都有归属感、尊严感、成就感和幸福感。

第四，濡养团队法。通过更深一步的观察，不难发现，爱一个孩子固然好，但从学法研讨会和课代表的角度出发，濡养一个有爱的团队，作用更大。那就先着力培养学法研讨会这个集体，再由他们带领同学们成长。

就这样，我成了名副其实的"甩手掌柜"，大小事务从不插手，只用眼睛看，用心灵察觉，安心做个知情者和热心观众。

有一天，我在美发店做头发，技师小哥问我："你的学生是不是都特别听你的话？"

我说："不是。我很听他们的话。"

学法研讨会、课代表被一次次赋能，他们越来越给力，我越来越省力。现在回想起来，我很庆幸那次"抄袭门"事件，自己看透不说透，由课代表来彻查问题、解决问题。

学生的能量越来越大，我的胆子也越来越大。八年级下学期开始，家长会完全由学法研讨会策划和主持。谁拍照，谁录像，谁先发言，谁后演说，主题的确立，教室的布置，背景音乐的选择，活动程序的梳理，串词的撰写，视频的播放，图片的呈现，课件的展示，都是孩子们以抽签形式来决定：每次抽四个人，不分成绩好坏，不分口才优劣，抽到谁就是谁。四人齐心，提前一周备课，学法研讨会和班主任审核教案，班主任、学法研讨会、家长会主持人三方会谈，民主商讨，反复修订，做好充分准备。要相信，每一个人都渴望"被看见"，走上讲台的孩子，人人都会发光。从八年级下学期到初中毕业这一年半的时间里，全班每个人都在家长会上亮过相，或主持，或发言，或表演绝活儿——好拉风，真有范儿。

坐在角落，看着孩子们从愿做到会做，从会做到做好，老班我没事偷着乐。

当然，学法研讨会和课代表的任用是一项长期工程，不可一蹴而就，需要坚持"三原则"。

一是多培养，促发展。课代表需要有能力、能领头的人来担当。并不是所有课代表最初都能拿来即用，班主任需要给予理念引领、方法指导、心灵陪伴、爱心托底。比如，毕业前夕编辑班级史册，学法研讨会拟订方案时，在"同学画像"环节提出的要求是："邀请其他同学用文字为自己画像，画像不能'自描'，只能'他描。'"送给我审核的时候，我语重心长地告诉他们："孩子们，要有博大的爱心与包容心，不要限制，而要寻找事情的更多可能性，允许'他描'，也允许'自描'。我们做班级史册的目的，是让每个人从这里找到美好回忆和幸福自我，允许一切发生。"孩子们豁然开朗，我们的班级史册也成了所有同学的精神家园。在他们的持续成长中，班主任充分关注，主动靠近，召开课代表周例会和学法研讨月例会，引导他们明白自己的责任担当，交流、交换不同学科的学习方法和处理方法。从一点一滴培养他们爱岗敬业、任劳任怨的精神，凡事替自己所"代表"的学科着想，替任课老师着想，替班级着想。他们慢慢成为手握"尚方宝剑"的"监察御史""钦差大臣"。他们手握重权却决不徇私舞弊，而是愈发勤恳，严格自律，带领同学们朝着光明的方向前进。无须老师督促，他们把问题解决得非常得体。成长是他们获得的最好福利。

二是明规则，赏罚清。网上有个段子，说一位数学老师急匆匆地来上课，发现少带了一样东西，于是，他说："那个谁，你去那个哪儿把我的那个啥拿来。"数学老师没说是谁，也没说去哪儿，拿什么，可是，数学课代表却像离弦的箭一样，冲出教室，跑到办公室，拿来一沓卷子。老师说："对，就是它！"这样的课代表被网友称为"骨灰级狗腿子"。这是个笑话，却也道出玄机：课代表是懂得老师的人，是问题解决者。那么，怎样把他们培养成这样的人呢？制定课代表奖惩条例，明确规则，明确分工。"口说无凭，立字为据"，条例要有文字记录，奖惩规则要具体细化，比如怎样起到示范引领作用，谁负责观察与总结，谁收哪几排的作业，谁负责帮扶哪几个同学的学习，谁负责检查背诵默写，谁负责活跃学习气氛，谁的作业优秀，谁的未交，谁的不合格，谁的小测验最好，谁还要补考，谁的动手能力强，谁还有学习困难，怎样与分管小组交流，怎样鼓励同学……课代表各有一本备忘录，记录本学科的学习情况。职责条分缕析，奖惩一目了然。

前面提到，我班采取积分制，受奖加分，受罚扣分。积分在期末评优评先中占70分，民意测评占30分。这样，课代表尽职失职、受奖受罚，都有制度。按制度办事，会少很多纠缠与不公，虽然制定制度时挺麻烦，但用起来很方便。需要强调的是，课代表奖惩条例，应该是班主任与全体课代表反复讨论的结果，班主任不可"一言堂"。这样的话，课代表受罚了也会心悦诚服，而不至于推卸责任，或者怨恨他人。但制度的执行，必须投入情感，才能深入人心。受罚要有善后，以情感慰藉使过程完整。

比如，有一次，一个课代表检查作业时包庇同桌，被惩罚扣积分，她感到伤心，哭了。

我把她叫到办公室进一步交流。我说："对同桌最大的好，不是姑息迁就，而是帮她纠错。你今天犯了这个错并不是坏事，而是好事，它让你学会怎样坚持原则又助人利己！"

她擦干眼泪说："谢谢老师，我懂了。我对她最好的帮助是记下她的名字，并协助她完成，而不是替她蒙混过关。"

三是搭台子，给信任。学法研讨会的能量，课代表的才华，需要有展示平台。所以，我班老师出差或者请假，课代表要承担指导学科学习的任务。老师临行前与课代表沟通，明确学习内容及方法。老师不在的日子，课代表运用微博、微信、电话等信息化手段保持与老师的沟通，随时调整、完善教学方法。课代表身兼两职，先当学生自学，再当老师指导同学。时长日久，一招一式，一举一动，一颦一笑，都有任课老师的"范儿"。孩子们相互戏谑："你那手势，可像数学老师了！""你那仰天大笑的姿势，就是语文老师的分身！"

师生之间这样高度融合，源于老师的敏锐洞察，充分信任。有一次家长会，时间紧迫，只有一天准备时间。我们变了一种方式，没有让同学们抽签，而是让课代表全权担纲。具体过程是这样的：课代表出方案，我审核。5号开家长会，4号晚上，负责人小白发来PPT让我审查，我看他的PPT比我的做得好，就请他帮忙优化我的PPT。他欣然同意。中途我改了好几次，他都不烦不躁。5号上午，我告诉他第12页又补充了新内容。我为自己不断给他添麻烦而道歉。

他回复："没关系，杨老师，我刚好优化到第11页。"

PPT优化成功，他给我发了两个版本，一个是PPT版，一个是PDF版。

他说："杨老师，如果您在电脑跟前，就看PPT版；如果您在手机上看，就看PDF版，这样可以保证您有比较舒适的观感。"

毫无疑问，这次家长会非常成功，现场每个人都很有成就感。

班级是师生互促、共同发展的大舞台，是学生自主成长的演练场。充分发挥课代表的主动性，是减轻班主任负担、构建和谐民主班集体、营造团结向上好班风的有效措施，也是班主任"看透不说透"管理艺术的体现。这是一个以"笑着"为磁场、为能量的良性循环。

观察现象，分析本质，会给班主任带来愉快的情感体验。临近毕业的一天课前，我走进教室，发现孩子们与往日不同：一部分人精神不振作。我慢慢踱着步，一边观察一边分析。第一，可能是孩子感冒了。气温变化大，很容易感冒。感冒的人抬头都难，更不用提学习了。我提醒孩子们，如果是感冒了，要多喝水，多吃水果、蔬菜，变严重了就得吃药。第二，可能是昨晚作业太多，休息太晚。我建议学法研讨会做个调研，如果哪一科作业太多，就减少作业量。毕业班更盼好成绩，可是好成绩绝不是靠大量作业压出来的，而是学生自主自发学出来的。越是毕业班，越要激发内驱力，而不是施加作业压力。经过调研，我发现，那天有孩子感冒，有两个学科作业偏多。对于前者，我及时联络了家长，提醒他们带孩子去医院；对于后者，我与相关任课老师协商，减少作业量。问题得以解决。笑着观察，能让班主任的心静下来，眼睛亮起来，目光柔起来，办法多起来，能持续而完整地深度解决问题。笑着观察，我们会更有眼力、襟怀、热情与智慧。

第二章

笑着倾听

这时候班主任依然要稳住自己,别开口,把表达的机会给学生。当他主动说出真相的时候,也就实现了自我教育。所以,笑着倾听很重要,也很高级。

多数班主任有个共同点：一进教室，就想说几句，教导教导学生；看见某个表现不佳的学生，某种不良现象，就想即时批评，十来分钟，甚至几分钟搞定，结局是学生耷拉着脑袋，沮丧地说"我错了"。

但这并没有真正解决问题。即时批评治标不治本，学生并没有获得积极纠错的原动力。所有解决得太快的问题，都还是问题，只是问题暂时隐蔽了。一旦有机会，会爆发更多更大的问题。教育最难解决的是人的问题，人的问题不能速战速决。没有孩子不犯错，每一次犯错都有缘由。孩子犯了错，不要急于批评，心平气和地听他说说原因，或许让我们忍俊不禁，也或许引发我们深思。有时候，孩子怕被批评，为自己开脱，我们不妨宽容地笑一笑，让他开脱好了。当他狡辩自保却不能自圆其说的时候，会尴尬，会羞赧。这时候班主任依然要稳住自己，别开口，把表达的机会给学生。当他主动说出真相的时候，也就实现了自我教育。所以，笑着倾听很重要，也很高级。

一、听听孩子的内心想法

只要我们乐于倾听，孩子总是愿意说。家庭趣事、同学友谊、亲子矛盾、学习困难……孩子的世界，丰富多彩。

有一天放学后，我正在批改作业，一个孩子跟我说："老师，您知道吗，我爸爸妈妈都长得奇形怪状！"

我从作业堆中抬起眼睛，笑眯眯地看着她："哦？这么好玩！说来听听！"

她说："我爸爸太胖，挺个啤酒肚，我妈妈也挺个啤酒肚，他俩都奇形怪状吧？不过我爸爸的啤酒肚里是脂肪，我妈妈的啤酒肚里是胎儿，我快有弟弟或者妹妹啦！"

我哈哈一笑说："恭喜恭喜呀，你们家要添丁啦！你很善于观察，也善于描述和总结，好口才，也能写出好作文！回家了替我问候你妈妈呀！"

"好呀！好呀！我妈妈一定很开心啊！"她蹦蹦跳跳地跑开了。后来她真成了一个写手，她的爸爸妈妈也特别愿意跟我交流。

孩子们知道我愿意倾听，有空就蹭到我身边说一些知心话。我放下手头的事情，面含微笑听一听，给他们出出主意，别有趣味。

一天傍晚，40分钟的大课间，三个姑娘愁眉不展地来到我办公室。一个好朋友因为话不投机和她们绝交了，她们非常苦恼，派其中一个人找那位朋友和好，遭到拒绝。她们不知如何挽回，就来跟我倾诉。

我听她们诉说完毕，想了想，给她们提建议："每人给她写张小纸条怎么样？也许派一个代表去讲和，力量有点薄弱，三个人同时示好，会不会希望更大？"

她们佀对我的建议并没有十足的把握，因为那个小伙伴比较执拗。但总算有个办法了，她们将信将疑地离开了。

第二天课间，我悄悄问她们进展如何，她们摇头。

到了傍晚，她们欣喜地告诉我："那个小伙伴与她们和好如初了。"

后来，她们中的一个在成长日记中写道："杨老师不仅是我们的好老师，也是我们的好朋友。我们把和同学闹矛盾的事情跟她说了，她不但没有批评我们，反而很乐意听我们倾诉，给我们出主意，还全程关心。跟这样的老师在一起，有一种在家的感觉，特有安全感。"

当班主任，领着一群孩子成长，可不就像一家人一起在家过日子吗？过日子讲的是长久之计，要研究人际心理，协调平衡各种关系，班主任作为当家人，要有悉心倾听的热情和耐心。

我们的国家是个文化古国,"听"的繁体字是"聽",意思就是"以耳为王,十目一心",可见古人就非常重视"听"。

说教,是班主任的意志施加;倾听,则能了解孩子的真实情况、真实想法,给予合适互动。李希贵说:"教育学就是关系学。"耐心倾听,有时我帮孩子找到好学法,有时我给他们好建议,有时听来一个好故事,有时听来一个好策略。十几年前,我任教的2012届1班,学习成绩整体较差,以数学学科为最。课间我常常笑着听他们说话。孩子们说的内容很宽泛:学习上的喜忧、玩耍时的稚气、伙伴的关系、父母的特点、亲戚的故事、流浪狗的眼神、文具袋的功能、新衣服的款式、内心的矛盾……琐琐碎碎,囫囵半片,凡所应有,无所不有。他们说多久,我就听多久;他们说多少遍,我就听多少遍。我一边倾听,一边应和,不腻,也不烦。我们在不知不觉中建立起优质的师生关系。听得越多,了解得越多,思考就越多,适合孩子成长的治班妙招自然就越多,班级进步就快。

有一次,一个孩子上课睡着了,我笑问原因。他叹息:"唉,昨晚最后一道数学大题,做了两个小时也没做出来。晚上没睡好,白天上课就打瞌睡!"

他这么一说,引来了全班小伙伴的共鸣:"我们都没有做出来!但是,我们没有他那样的毅力,他竟然用了两个小时!"

上课睡觉的孩子,并没有被武断地批评,而是得到我的称赞:"你很厉害!只有真正热爱学习的孩子,才有这样锲而不舍的钻研精神。"

下课后,我跟教数学的小杨老师交流,她以小组合作、师生接力讲解步骤的形式,齐心协力拿下了那道难题。那天,孩子们仿佛凯旋的英雄,意气风发,扬眉吐气!师生互相成就,后来,小杨老师也成了闻名全省的数学教改先锋,获得"河南省名师"的荣誉称号。师生同心的班级就是一个家,孩子们亲切地称我"老杨",称小杨老师为"小杨",还编了顺口溜:"老杨配小杨,做事真灵光,俺班进步大,数学第一强!"

我和小杨老师反复斟酌,多次协商,以"睡觉门"为契机,擢升"瞌睡哥"

为课代表，激发起全班学生学习数学的热情。

当然，我们也跟孩子们交流，我们并不赞成为一道题耗费两个小时的做法。经过碰撞交流，我们达成共识：遇到一道难题，如果思考10分钟仍然没有思路，就先搁置，第二天来学校向老师和同学请教，也许很快就茅塞顿开。孩子们学会了潜心钻研，而不钻牛角尖。

从那以后，爱说、敢说的孩子们话题更有料，我听得更欢乐。经过周密思考，诚恳交流，我和任课老师联袂，燃爆每一堂课，唤醒学习激情。时光流转中，我们"脱贫致富"，从弱变强。同事们都说，即使不教我们班的课，走在校园里，在3000多个孩子里头，也能分辨出哪些是我的学生，因为他们每一个人，都是脸上含笑、目光炯炯却又调皮可爱的。在校园的任意一隅，都可能有他们或争论不休、或窃窃私语的身影。沉醉于对新知的探索，是他们共有的名片和标签。由于教室位于年级最东端，我们被称作"东方不败"。初中毕业时，53个孩子没有一个是学困生。念高中后，分散到不同的学校，不同的班级，这53个人，个个都是敢担当、有能力的班干部。

我对这个班进行了10年跟踪研究。现在，孩子们都已经长大，有几个在读博士，大多数都已经走上社会，在自己的岗位上积极成长，温暖向阳，做着利人益己的事情，成为对社会有用、拥有个人幸福的人。

2020年的教师节，我收到一条微博私信："杨老师，您好。我是您2012届的学生，明天有时间吗？我想回学校看看您和各位老师。"

他的来信没有落款。我问他是谁，他说保密。我翻看他的微博，这家伙很懒，什么都没留下。我终究不知道他是谁。我们加了微信好友，打开他的微信朋友圈，第一条是我8月18日的微博截图。我的微博是这样写的：

在美发店洗头。

技师小哥问："杨老师，您已经毕业的学生有回来看您的吗？"

我说："有呀。"

小哥说:"我也回去看过老师。我上学的时候很捣蛋,学习也不好,总是坐在后两排。我去看老师的时候,老师说:'也就你们后两排的回来看我。学习好的都是白眼狼,一个都不回来。'其实我觉得吧,学习好的同学没有回去看老师,不是因为他们是白眼狼,而是因为他们忙着搞学习,没时间。他们不像我们,学习差,早早就下学了,有的是时间。"

也有同行说过,毕业后对老师最亲的是"熊孩子"。我倒是没有这种感觉。我觉得每一个孩子对我都好。其实我们当老师,也并不奢望学生毕业后还回来看望。回来看是他们的情分,好好教他们是我们的本分。

孩子把我这条微博截图发在微信朋友圈,同时配文:"作为代表,明天还是我去吧!"

我一下子知道他是谁了,小龙!当年他可真是个"熊孩子"。我在拙著《我是老师,也是永远的孩子3》里写过,有个学生一天被我点名批评了三次,那个学生就是他。他对自己一天被点三次名这件事耿耿于怀,跟同学提起。他的心声恰好被我听见了。是他教育了我,从那之后,我再也没有在一天之内批评一个学生超过三次。

毕业8年后的教师节,他回来了!他给教过他的12位老师每人都买了一束花,用小篮子装着,特别浪漫。是的,被爱过的孩子相信世界的温暖,也给予世界温暖。他现在在部队服役,这次回来探亲,恰好赶上教师节,来看看我们。现在他是个班长,很喜欢部队生活,他告诉我,服役到一定年限他才退伍,那时国家会发补贴,他有能力创造美好未来。一切都值得期待。

2024年1月初,我从新加坡学习归来,这个班的马同学和吴同学为我接风洗尘。

席间,接到媒体约我录新年祝福视频的消息。我请他俩帮我录制。我们是在商场的餐饮区吃饭,热闹喧哗。在哪里才能找到一个安静的地方录视频?这是个问题。略加思索,我们异口同声地说:"去楼梯间!"

结完账，我们来到楼梯间，这里果然少人至。我们准备录制。

然而，我词穷。因为一想到龙年的新年祝福，思维就会限定在"龙马精神""龙腾虎跃"等成语。

我不想用这些，但一时也想不出合适的句子。

马同学打开他的 ChatGPT 提问，他的诉求是：新颖，押韵，朗朗上口。

ChatGPT 给了这样的文案：龙腾春色教坛上，桃李芬芳满园香。

我们感觉不错。可是，我们特意在商场买了一个"福"字挂件，我手上要举着它。为了吻合，我们仨商量把"满园香"改为"幸福长"。

录制成功！最珍贵的是，吴同学录下了马同学录我的全程。

真好，学生教我这个老师用人工智能手段解决问题，实现教学相长。时隔多年，师生们依然相处这么好，令我由衷感谢孩子们，他们让我坚信：有一种教育的风景，叫"学生自由说，老班笑着听"。

二、听听孩子的精神需求

一个周六的早晨，我收到媛媛的信息："老师，您这会儿有事儿吗？我能跟您说件事吗？"

我一想，这不会是遇到烦心事儿了吧？于是赶紧给她打电话。

她说："老师，我心里有点慌。我爸爸现在被派到抗洪救灾前线，妈妈出差在外，家里只有奶奶、妹妹和我。我好担心爸爸的安全。"

孩子果然是有心事。

听完她的倾诉，我说："媛媛，女儿是爸爸妈妈的贴心小棉袄，爸爸在前线抗洪，你肯定担心呀。"我知道，她需要帮助。那么，我要做的第一步，是先肯定她对爸爸的挂念和担心是正确的。

接着我说："媛媛，你有没有想过，这种担心并不能改变爸爸的处境，反而给他添乱？你想啊，爸爸在前线抗洪，如果知道女儿在家里愁肠百结，他是不是更添愁绪？"——第二步，分析消极情绪的不良影响。

第三步，教给她正确的方法："媛媛，振作精神，集中精力搞好学习，照顾好自己，带好妹妹，多帮奶奶。家里一切安好，爸爸妈妈一定高兴！"

媛媛说："老师，我明白了，我应该有担当，而不是把自己圈在担惊受怕的坏情绪里。这才是给爸爸妈妈的最好安慰。"

第四步，肯定她的成长，教给她具体排解消极情绪的方法："对呀，媛媛！牵挂一个人，就要让他得到安慰和鼓舞。媛媛，你多才多艺，会弹琴，会跳舞，爱画画，会唱歌，会讲故事，还会在'源源（媛媛）不断小课堂'讲课，多好啊！建议你累了烦了就唱歌、跳舞、讲故事。人啊，一定要有一个积极健康的爱好，有了这样的爱好，不管遇到什么困难，情绪都有出口，幸运的是，你的爱好还不止一个。"

媛媛的情绪更饱满了："老师，您说得太对了，我焦虑的时候会跳舞。"

第五步，进一步教给她和爸爸妈妈交流的方法，教她正确认知爸爸的职业使命、人格魅力、道德勇气和博大胸怀："真好。媛媛，你若是遇到解决不了的困难，你就跟爸爸讲讲，他向上级反映，就会有人给你解决——这是他应该得到的权益；如果困难能够自己解决，你就告诉爸爸解决问题的方法；也可以多跟爸爸报喜，告诉他，作为生物课代表，你又为同学们做了哪些事情。媛媛，你有一个英雄的爸爸，他听从国家的召唤，奔赴抗洪前线，这就是社会担当，你爸爸就是时代英雄！"

媛媛的声音越来越清亮："老师，跟您说说话，我就不怕了，也有动力了。"

第六步，给她强有力的安全感，表达对她爸爸的敬佩："谢谢媛媛想到我。爸爸妈妈不在家的时候，老师愿意陪伴你，有什么困难随时联系我。我很敬佩你爸爸，也希望成为他那样听从国家召唤、为社会做出贡献的人。"

媛媛说："老师，我也愿意成为爸爸那样的人。"

第七步，在她心中种植光荣与梦想："媛媛，等到爸爸凯旋，我一定把他请到学校，送一束鲜花给他。我要告诉他，就是在这所学校，他的女儿经常来问我问题；我还要告诉他，他的女儿创立的'源源（媛媛）不断小课堂'，是我从教以来成千上万的学生中唯一敢讲课给老师听的网络课堂；我要告诉他，他养育了一个多么有创造力的好女儿！"

媛媛说："老师，我爸爸要是知道您送他花，他会多激动啊！他和妈妈很敬重您，总说您是真正的名师。"

第八步，约定未来："媛媛，谢谢你和你爸爸妈妈，让我们从现在起，努力做更好的自己，迎接英雄的归来！"

"嗯嗯嗯……"媛媛的喜悦通过电波传给了我。

她爸爸完成任务之后的一个新周一，媛媛担任升旗仪式主持人。我把她爸爸妈妈和妹妹请到学校，一睹她的风采；给她爸爸献花一束，表达敬仰之情。

媛媛很受鼓舞，主动请缨，担任背诵小组长。她根据每个人的能力与态度，量身定制提问内容，安排得合理有效，激发组员的学习热情，让人眼前一亮。

倾听孩子的精神需求，信守自己的承诺，给予适当指导，师生都是笑着的，好开心！

三、听听孩子的处事态度

一天，天降大雪。放学后，我留在办公室改作文。15岁的九年级学生王小哥进来蹭着玩。

王小哥是个有特点的男生：成绩不行，长相不好，脖子上每天挂着一串钥匙或者一张公交卡。他这装扮像小学生，但我从来没有提醒或者建议他改改形象，"存在即合理"，多元审美的时代，王小哥也是一道风景。

我正在批改一个女生的文章，他随口念了其中两句。

他说："老师，您知道吗，这个女生曾经扔掉了我的钥匙，我再也没找着……我把家门和自行车一共3把钥匙串在一起挂在脖子上,钥匙会互相撞击发出细细的响声。当时她坐第一排,我坐第四排,她嫌我的钥匙吵,要求我把钥匙从脖子上取下来。她说:'王小哥,你信不信,再不取下你的钥匙,我就把它们全部扔掉!'我心想:我与你相隔这么远,我的钥匙不影响你呀。所以,我就没有取下钥匙。这时物理老师派我下楼去抱作业,我为了抱作业方便,就取下钥匙放在座位上,回来就发现她真把我的钥匙扔到楼下了。我下楼去找没有找着,她又陪我下楼去找也没找着……"

我追问:"然后呢?"

他双肩一耸:"没有然后啊。原谅她呗,反正她也尽力了。"

我看着这个孩子。原本以为他只是说一句闲话,我用心地听了,却听到一个孩子宽厚的处事态度。

我说:"可是,那是你家门和自行车的钥匙,你的必需品,她不该不经你许可就扔掉,你也不该这样轻易原谅她。你也没有跟我说说呀。"

他说:"我不想给您添麻烦,我俩自己解决了。我让她给我配钥匙,她家旁边的钥匙铺却配不成。我家小区门口有配这种钥匙的,配1把钥匙8块钱,她扔掉了我3把钥匙,我让她赔了20块钱,我自己贴了4块钱,这事就两清了。"

我在意的不是赔偿,而是一个孩子对切身利益的维护,我追问:"她不赔钱你会原谅她吗?"

他说:"会呀,不原谅能怎样?"

我想起电影里的台词:"一个始终不被人善待的人,最能识得善良,也最能珍视善良。"

我说:"王小哥,你真善良。"

他神色略略黯淡:"我本来就讨人嫌,哪敢不原谅别人?"

我问:"你为什么觉得自己讨人嫌?"

他说:"我学习不好,长相也不好,还爱惹事儿,我挺自卑的。"

我说:"你暑假读读雨果的《巴黎圣母院》吧,敲钟人加西莫多可丑了,世界上就没有比他更丑的人了,可他却是一个非常讨人喜欢的形象。"

他惊喜地看着我:"还有这样的人?"

我点头,然后追问:"你有没有想过自己为什么学习不好,还爱惹事儿?"

他说:"我学习不够用功,爱分心。我喜欢看动画片,特别爱看《海绵宝宝》,同学们都说动画片幼稚,可我不觉得幼稚啊,我甚至觉得有趣得很,我非常着迷。至于我惹事儿嘛,就是喜欢藏起别人的笔逗着玩,可是他们也藏我的笔玩啊。我都不讨厌他们,他们却讨厌我。"

我说:"'他们'是指所有人吗?"

他说:"不是,是几个爱发脾气的人。"

我说:"那我建议你不和他们一般见识。你想啊,你性格这么好,怎么会跟坏脾气的人较劲呢?"

他点点头:"对啊,对啊!"

我说:"现在呢,你的首要任务是专注于学习,先把《海绵宝宝》放一放,中考之后暑假再看也不迟。你喜欢什么东西不用被别人的意见所左右。还有,现在总复习,你以前的知识缺陷是可以弥补的。你知道吗,曾国藩说过:'人之气质,由于天生,本难改变,惟读书则可变化气质。'爱读书了,你的长相也会得到改善:读书不会把你的眼睛变大,但能把你的眼神变明亮;不能把你的嘴巴变小,但能把你嘴角的笑意变得得体,把你面部的线条变得……"

他双目炯炯有神地接过话茬:"顺畅!"

我惊喜:"对!顺畅,这个词你用得好!你根本不用自卑。"

他开心地笑:"哦,原来这样啊,从来没有人告诉我这些,谢谢您,杨老师!"

接着,他问我:"杨老师,为什么每当考完试我担心考得不好时,成绩出来却还好,而考完试我觉得得意时,成绩出来却不好?"

我说:"其实你不仅仅是考后才担忧或者得意,考试前、考试中,都有担忧或者得意的心理,只是当时的心理可能藏在潜意识之中,你没有觉察。你担忧就是你重视，有忧患意识，所以成绩好一些；反之，太过得意就会得意忘形、掉以轻心，自然就不出成绩咯！当然，最好的考试状态是怀着平常心，不忧不惧。考试不是如临大敌，而是最常态的生活。"

王小哥骨碌碌地转动眼珠，重重地点头道："是的，我同意您的观点。这个问题我也问过别人，他们的解答不能说服我，我就来问您。杨老师，您能说服我。"

王小哥的脸上洋溢着笑容。我也情不自禁地笑起来。这就是相谈甚欢吧。

我向他求助："该回家了。咱俩一起下楼出校门吧，下雪路滑，我害怕摔跤，咱俩互相搀扶着走，好不好？"

他兴奋地说："好啊，好啊！"

我俩一起走，遇到路滑的时候，他小心翼翼地搀扶我。我又感动又愧疚。之前对孩子关心不够，我教了他近三年，才有这样的一次倾听。我唤醒了他，他也启发了我。如果我坚持这样去倾听，坦诚交流，他一定会变得更好。每一个孩子都有丰富的内心，舍得花时间倾听孩子，理解孩子，帮助孩子，师生都会变得强大。

从此，我对王小哥就多了一份关心。某日，在课堂上，小伙伴都在热火朝天地自主复习。我忽然看见，同桌王大骋伸出手给了王小哥一个大嘴巴！手起手落，快得就像一阵风。

我的第一猜想是，王大骋嫌弃王小哥学习差，欺负人家！

可是，同学们都在专心学习，我怕课堂上处理问题，分散他们的注意力。我记下了这件事，准备抓住机会，好好惩罚王大骋，替王小哥出出这口气。

为了更好更狠地替弱者"复仇"，我找来了王小哥进行调研。

王小哥说："杨老师，王大骋是个好同学。我当时在犯困，坐着就睡着了，睡得打呼噜，王大骋叫我叫不醒，推我胳膊也推不醒，就只好打我大嘴巴，一下子把我打醒了！"

幸亏我没有带着暴怒的情绪去批评甚至攻击王大骋，幸亏我找王小哥做了调研，不然真是糊涂官错判糊涂案。

我跟王小哥说："我们初中阶段只剩 100 天了，你要珍惜跟王大骋坐同桌的机会，多向他请教，他会给你更多帮助的。"

我跟王大骋说："你诚心诚意帮助王小哥，我替他谢谢你，但有句俗话说，'打人不打脸，骂人不揭短'，你帮助人如果能够讲究合适的方法，会令对方更受益，比如你掐他一把也比抽大嘴巴好啊！"

王大骋不好意思地笑了："对不起，杨老师，我下次注意。"

多倾听，多调研，常常能够发现动人的瞬间，协调好人际关系。当我稳住自己的内心，孩子们做错了什么事，或者一遍又一遍来问我早就讲过的问题，我都能满面春风、柔声细语地对待他们，耐心、温暖、幽默地处理各种事情。我不厌其烦地倾听与交流，孩子们也开心。

渐渐地，我从他们身上看到了自己。他们也学着我，在升学考试的压力下，从容不迫，笑逐颜开，化压力为动力，寻求学习的好方法。

同时，我从自己的身上也看到了他们。是的，倾听与交流，就是师生相互启迪、彼此成全的过程。

二测成绩出来了。王小哥低眉顺眼地来找我："对不起，杨老师，我又没考好，辜负了您的栽培。"

我说："王小哥，咱俩虽是师生，但人格是平等的，所以我们两不相欠，互不辜负。还有 40 天可以努力，我愿意继续栽培你。你课间来找我，我们好好聊聊，看看问题出在哪里，怎样解决。"

我知道，只要我多多听取孩子的心声，最终我和我的学生都不会差。

读者朋友一定猜到了，升学考试王大骋和王小哥都考出了自己理想的成绩。

成绩不是成长的全部，它只是一个外在结果。比它更生动活泼的，是一波三折的过程。当我以足够的耐心去倾听，了解事情的来龙去脉，就不会对孩子横加干涉，更不会给予非黑即白的刚性结论式评价。

四、听听孩子的情绪表达

日复一日地学习，孩子容易焦虑和无助，也渴望有贴心的师长倾听他们无处安放的情绪。

期末复习，一早就收到请病假女生的微信："哎哟，老杨，我真是服气死了。我现在一点都不想考试了。早上醒来，跟昨天一比，天哪，今天是天堂吧！除了喉咙有点肿，发声难，头不疼了，也不烧了，声音也没昨天哑，我快高兴死了。我问我妈：我估计这周日就能康复，能不能吃点好吃的？我妈好像听见了什么不得了且惊天动地的大事一样，她说：'那怎么行！你要是上火了，考试怎么办？'老师，您都不知道她那个语气怎么形容，我话音还未落，她生怕我有下句，立马用飞速且严厉的语气说的。我都惊呆了。她怎么那么在意我的考试啊！我现在都摸清她的套路了，恨不得天天给我洗脑：考试最重要，要认真对待！这我能不知道吗？我为了准备考试，又制订计划又认真复习，可是，在她眼里我跟什么都没做好一样。"

感谢孩子跟我谈心。她一定是相信，跟我说这些，不会被批评或者说教。

是的，我不会。我更愿意把孩子当作有自由思想和独立精神的平等的生命。

我给她想了个办法："亲爱的，你把你写给我的话跟妈妈说说。她需要交流。你要有信心。"

孩子说："不行的，老师。我们家亲戚多，我在同辈的小孩里面算可以的了，无须自夸，我舅舅舅妈恨不得见着我就夸，我也不太在意。妈妈倒好，总要给我灌输'你还不够努力'的思想。这就是问题所在。我六年级时给她写过信，她拿着信到我面前一字一句地批判我，把我批判得嗓子都哭哑了。全篇下来，好像所有事情都是她有理。老师，现在我写不出信了，因为14年来，我的妈妈从来都没有跟我道过一次歉。"

孩子说的是实情。她很优秀，是"别人家的孩子"，妈妈总是怕她骄傲，平日里，抑制、打击的话说了不少。

也许她妈妈小的时候受到的就是这种打压式教育，现在拿来就用。可是时代不同了，父母的青春和孩子的青春，中间隔着几十年，现在的孩子，不能简单粗暴地教育，而是应该耐心地坐下来听听他们的心声。

我给女孩回复："那就不要管，按自己的想法做，不用争吵，不用辩驳，更不要赌气。孩子，这是你的人生，你有责任去过好它。你要有定力，亲爱的，只要你经过思考，确认自己是对的，你就可以按自己的想法去做。"

想了一想，我追问一句："或者我有机会跟你妈妈交流吗？"

孩子回复："还是算了吧，我上次就跟我小学同学吐槽了一下，她就骂了我一下午，我不敢让她知道我跟您说过这件事。"

我说："嗯，好吧！听你的。我相信你不会受外界干扰。"

孩子很诚实："不，老师，我会。我要是不受干扰的话，就不会来找您倾诉了。而且我觉得我好像是一个很容易被外界干扰的人。唉，老师，跟您说着哭着，好受了一点。"

我想了想，回复道："姑娘，我建议你现在就转换思路。你想啊，你受了干扰，好东西也没吃到，憋了一肚子委屈，考试再考不好，得不偿失啊！这几天多喝水，多休息，调整心态。等考试结束，不管咋样，我带你吃大餐。就这么定了！"

女孩以为万一她考砸了，就没有这顿饭了。她把这个想法告诉了课代表小白。

小白说："放心吧，不管你考得好不好，老杨都会请你吃饭。上次李都没及格，老杨照样请他吃饭了。"

哈哈哈，到底是课代表懂我。在我眼里，分数高低绝不等同于孩子的好坏，但孩子们最终成绩不会差。我乐意倾听，把激发学习的乐趣、创造的愿望和积极向上的生命状态，撒播在爱的光阴里。我并不慌张，不要求学生在第一时间考出优异成绩。我更愿意用三年的时间去等待和陪伴。

经过一个上午的时间推移，女孩对妈妈没有那么生气了，反而理解了，她又给我发来微信："我妈妈上学时成绩特别好，但是她后来很叛逆，没上完学就去打工了，她特别后悔，就不希望我也在学业上后悔。"

看来母女的沟通不错，女孩也看见了母爱的另一种表现形式，这样，母女俩就算有隔阂，也不至于心存怨恨。

后来，我邀请她和朋友一起吃饭，她很开心。

这里特别说明，有的老师不赞成食物奖励，认为这关乎食品安全，是"一线教师的保命法则"。这一点我不反对。我也对"吃"有顾虑：学生生病，我第一时间联系家长带孩子就医，而不提供药物，因为担心药物过敏；我奖励餐食，一定选择信得过、口碑佳的餐厅，点餐时也会询问孩子们的饮食禁忌。总之，请学生共餐，要格外细心。

最可贵的是，过了一个月，她妈妈也给我发来微信："杨老师，您好，我看闺女平时喜欢和您聊天，我想请教一下，怎样才能让她对我也敞开心扉聊聊？"

我回复："××妈妈您好，很替您感到高兴，您能主动从自身出发，想和孩子沟通，真是太棒了。时代在发展，现在的孩子和以前不一样了。做好沟通的第一步，是给她说话的机会，让她愿意跟您说知心话，您耐心倾听就好；第二步，她错了也不要急于批评，而是要诚恳地与她分析错误的根源，和她一起制订纠错方案。推荐两本书给您：《解码青春期》《如何说孩子才会听　怎么听孩子才肯说》。"

她妈妈很感动，表示愿意像我一样多倾听孩子的情绪表达。

班主任笑着倾听，班级就温暖，学生就幸福。经常来说话给我听的女生雨儿，写过这样几段文字：

那是我喜欢的雨天，光与影的界限被抹去，抬头不见云后的蓝天，心脏却无来由地被包裹起来。随着水坑被踏过，发出"啪嗒"的响，初中生活就这样开始了。

校园中，有一个小亭子，亭上爬了两种藤，一种是紫色的藤萝，另一种火红中带着橙，是凌霄。一到春天，紫藤萝先开花，开败后凌霄花开，续接着，能挤满整个春。大课间时，我最喜欢到亭子那儿去绕两圈再回到教室，只觉浑身沁满了香。一个课间，她来借我的语文书抄笔记，我给了，转头继续在座位上复习。大课间时，书就被还了回来，被我顺手放在桌子上。语文课上，老师要求翻到《紫藤萝瀑布》。打开课本，映入眼帘的却是一抹紫，带着扑鼻的香，朵朵花瓣由上到下，由浅白到深紫，回头，只见她眼神中带着几分得意的笑："落花有意，流水有情。"温暖，沁入花香之中。

　　七年级下学期时，学校加了大课间跑操。常年不运动的我，自然不擅长这项每日例行的活动。半空中，云朵招来几缕凉风，刺进鼻腔，只觉喉间干涩，几圈下来都已气喘吁吁，跑完操上楼时更是一句话也说不出。坐在座位上，喉间的刺痛挑拨着神经，眼前隐隐发昏。一只手突然在眼前出现，手中拿着半瓶水。"呐，我杯子里的水，给你倒了一半。"顺着声音看去，刚跑完步的少女面色红润，非常美丽。我拿起水杯便往下灌。刚刚入春，天也黑得早，夕阳把半边天烧得火红，映在透明杯子中，折射出橙红的光。温暖映在杯水之间。

　　雨点的"啪嗒"声，是初中三年的开端。此后的时光，和着不经意间的温暖，蕴藏在名为"青春"的记忆里，从此迎着阳光，不惧风霜。

　　她写了两件小事：落花的香，杯水的暖。我想，孩子的诗心，很大程度来自一个友善的班级和安静倾听的班主任。

五、听听孩子的青春志趣

　　九年级最后一个月的某天，辰同学把同学们废弃的水笔笔芯包装纸搜集起来，卡到自己的笔帽上，卡了一圈，笔帽上就有了一个下垂的圆盘。

　　他神秘地跟我说："老师，您看，这样的话，我写字别人就看不见我的手了。"

我笑道:"哈哈哈,别人看不见你的手,你也看不见自己写的字哦。不过,你脑洞好大,挺会玩儿啊!怎么想到的?"

他露出更加神秘的表情,小眼神喜气洋洋:"我就不喜欢一天到晚死学习,我喜欢搞点小创新,弄点小乐趣,这样慢慢积累,我就会有成果的。我将来要成为一名科技工作者。"

一个少年的青春志趣,以及他心中满满的阳光,就这样被我听到。我愿意听他说,他说着说着就毕业了。上了高中,他去了外地,依然继续跟我诉说,不方便见面,他就打电话。我每一次都认真倾听。

他很开心,在本子上写:"就算我行了千万里路,就算已经过去一千年,我也记得她,我的老师,我的妈妈。是的,一千年以后,我要叫她一声,妈妈!"

他妈妈把这段文字转发给我,说:"杨老师,我好羡慕您,您在他心里多么重要!"

他上大学以后,每年都会回来看我和所有任课老师,每次见到我们的第一句话都是:"老师,我能帮您做什么?"

他学了航空航天专业,在国际飞行器设计挑战赛中获奖,给我报喜说:"老师,谢谢您愿意听我说话,支持我天马行空,浮想联翩。"

他读研究生的时候,每个教师节都会打来视频电话。我看见他身后摆满了大大小小的奖状和金光闪闪的奖杯。现在,他已经在一家航天单位工作,一步步把梦想变为现实。

某年春天,我去他工作的城市出差,顺便探望他。他带着我,把他走过的路,吃过的菜,喝过的咖啡,全部走一遍,吃一遍,喝一遍。他特意带我去他单位旁边走了一趟。我这才知道,他求职的时候,曾一路奔波,在卫生间里换西装,在便利店里买别针固定裤脚,演绎了系列欢乐喜剧。

中途,我想去卫生间。他说:"老师,我带您去我换过衣服的那个卫生间吧。其实,我当时换衣服的时间挺紧迫的,但我并没有慌张,当年您教我们遇事不慌、笑着面对,长大以后,我更懂得您耐心倾听我们畅谈志趣、培养我们的综合素质、支持我们去追梦的好处了，这对我们影响很大。"

听他说，从少年到青年，为他感到高兴，这也令我更加坚定倾听孩子、了解孩子、全方位育人的教育信念。

六、听听孩子的心灵故事

上届学生，很优秀的少年，中考发挥失利，进了一所普通高中的普通班。一个学期尚未结束，他便有了恋爱对象。是同班女同学追的他，他当即答应，并且对女孩的好超过女孩对他的好。他是一个责任感超强的孩子，他以为，男生与女生谈了恋爱，就该给人家一个舒适圈。

他给我看过女生的照片和他俩玩闹的视频。女孩很清秀，很乖巧。他说此生只要能跟女孩相守就好。女孩想要考师范大学，他也准备将来做老师，似乎很懂爱情与人生的样子。

他原本是个很有主见的人，八年级就读了《资本论》。但是从他那天的言谈来看，我只觉得他把漫长的一生看成了眼前的一小段时光。

我笑着听他说，没有劝他不要早恋，也没有劝他专注于学业。一个沉迷初恋的16岁少年是听不进任何劝说的，尽管他很信任我。做老师，我越来越不愿意居高临下、夸夸其谈、苦口婆心、白费口舌。或许，他之所以信任我，便是因为我并不好为人师。

我知道，我不劝，他俩也走不远。一段感情里，若是一个人为另一个人而放弃自己的本原样貌，而变成了对方所喜欢、所需要的样子，那么，这段感情不拆也会散。

果然，几个月后的一个深夜，他打来电话说，分手两个月了。原因是对方受不了他的过度保护。对方也很喜欢他对自己好，但好得过分了便无法接受，于是义无反顾地分了手。他曾多次试图挽回，均被拒绝。看起来很乖的女孩，反而比曾经有主见的他更果断，更决绝。两个月过去了，他依然沉浸在失恋的打击中，很难过，也很难排解。

于是，他就给我打了这个电话，想聊一聊。

我说："一段感情结束了，就意味着对方不是对的人，不必追。你才16岁，有什么能力给人家一个舒适圈？并且，你总是'给'，而她不愿意'要'，爱情观都不一样，分手了有什么可难过的呢？趁早放手，对双方来说都是解脱。"

他说："就是舍不得。也很后悔，当初分手闹得不欢而散，双方都很生气，连声感谢都没有跟人家说。这段感情结束得并不漂亮。"

他说，这段时间，他读了《小王子》，对爱情和人生有了一些新认识。

这样的成长，也很难得。曾经迷惘的他，心灵正在渐渐明晰。在高二，还没有面临高考，这样的挣扎、成长，刚刚好。

我说："那就趁着现在还是同学，赶紧说。如果觉得不方便，一个纸条即可。可以分析思考，可以设法弥补，但不要纠结。"

令我欣慰的是，他并没有发誓此生非她不可。牵连和依附，都是立不起来的青春，不值得去过。

他告诉我，上学期，他俩都考进了重点班。

女生很上进，不甘心在普通班待三年。她一声令下，他就拼命去考。他考考了第5名，女生考了第17名。

他说："老师，我就是别人眼中的'卷王'，可我并不知道为什么这样做。"

我说："这就是你们分手的根源。她为了进重点班，你为了她。"

他说："我总是'卷'，可是赢了也很郁闷。"

我说："不郁闷才怪。因为你满眼都是对手。你心里只有两个字，一个是'想'，一个是'怕'：你想超越别人，又怕别人超越你，所以你就不愉快。当你的眼中没有对手，只有通向远方的路，你才能真正地快乐。'卷'是认知局限的弱者文化，也是一种人际困境。强者的字典里没有'卷'这个字。"

他说："我懂了，老师。强者没有对手，只有远方；强者会放过自己，也放过对方。"

真好，正确的认知是一剂良药，专治青春期"想不开、做不到、舍不得、忘不了"。

孩子很善于表述，我也乐于倾听，沉重的话题变成了愉快的交流。很欣慰，我从孩子的青春故事里，听到了沟通的美好和成长的力量。

七、听听学生家长的反馈

那个曾经一个学期不交作业、不惜划手自伤的孩子，她的妈妈给我来信：

杨老师，您好。昨天孩子放学一回来，就说得到了您的表扬，说是她指出了同学的一个小错误，您就抓住机会夸了她，她特别开心。感谢您为孩子做的一切。去年，有一段时间她压力很大，划手自伤，是您告诉她："我遇到过很多你这样的孩子。"这让她感受到很大的安慰。她学习积分倒数第一，您请她吃饭，这"惩罚"也太有爱了吧！她偶尔给您发了一次朗读录音，您热情洋溢地发朋友圈、发微博鼓励她，虽然她没有继续坚持，可您还是敏锐地抓住时机肯定她、鼓励她，呵护她的自尊，培养她的自信，真的不知道该咋说了，唯有感谢！

教师节那天，又收到她妈妈的微信：

杨老师，您好。一直想给您发信息，又怕打扰您，趁着教师节，向您道声谢谢！祝教师节快乐，诸事顺遂，平安喜乐！

刚开学那一周，她说去您办公室聊天了，我很惊讶。她是很怕老师的，上小学时，即使教她的老师是看着她长大的阿姨，她也不敢去问问题。我问她跟您聊的啥，她用看似随意其实很得意的表情说，啥都聊，就跟她是办公室的常客一样，不过都是同学们的隐私，不能告诉我。但她说了一点：跟杨老师聊天比跟咨询师聊得畅快。一个那么怕老师的孩子，和老师像朋友一样畅所欲言，一定是您给了她极大的安全感。我非常欣慰。

最让我感动的是，那天您说，向老师请教问题的孩子，都可以得到一个苹果，她没去问问题，但您主动把她叫过去，送她一个苹果。她可开心了，回来还让我们给她和苹果拍照留念，苹果她也不舍得吃！谢谢您对孩子的关照！遇到您真是孩子的福分，感谢！一定要健康、幸福、开心呀！

感谢这位学生家长的温暖小絮语。我不把孩子当作教育对象，而是把他们都看作珍贵的生命。每一个生命都值得尊重和呵护。而特殊的孩子，则需要我付出更多的爱、信任和智慧。这样的孩子，通常心思格外细腻，比如她记得我最细微的安慰、关怀与激励。但我自己并不确定，我这样与她相处好不好。她妈妈说给我听，我也就确认了自己的做法是对的，并在此基础上进一步去呵护她。

2021届有个学生小刘，网课期间沉迷游戏，多次逃课，我总是不断地发信息找他来上课。返校复课后考试，他却考出了优异成绩。我正纳闷之时，小刘妈妈给我打来了电话，她说："杨老师，他只在最后一个星期好好复习了，上卫生间也拿本书背，晚上11点还在精神十足地复习。我也改变了自己的教育方法。他不好好学习，最初我生他的气，不好好给他做饭。后来我想，人只有吃好喝好才能过得好，我就认真给他做饭了。我还跟他约定，他这次如果能进前35名，每周有一次上网玩游戏的机会。我是真希望他考差一些，也好给他一个教训，要不然他会觉得就这样突击突击就行，以后也不知道努力。他很生气地跟我说：'妈妈，我努力的时候你都看不到。'想想也是，上初中这两年他一直在进步，从第40多名进步到第30多名，又进步到第20名，这次他是第9名，完全出乎我意料。"

从小刘妈妈的话里，我听出了一个重要的家庭教育方法：好好给孩子做饭，给他无条件的爱。

我说："小刘妈妈，在孩子成长的过程中，您是功臣啊！您好好给他做饭就是心态平和，您跟他来个'亲子约定'，就是激励他成长。为您点赞。我想，我们不能因为他的努力带有突击性质，就忽视甚至否定他的努力。我们要让孩子看到，努力就有收获，付出多大的努力就有多大收获。至于怎样引导孩子把突击复习变成常态努力，那是下一步的事。教育，不能翻旧账，也不能担忧未来，咱们走一步，再走一步，这样，孩子有动力，也有成长力。"

进一步的交流，是对小刘妈妈的肯定和赞美，也是对自我的激励。总之，做班主任，虚心一些，平和一些，多角度、全方位笑着倾听，就一定会有新的感触，受到新的启迪，为孩子创造出安全稳定的心理环境，这是师生双赢的美好事情。

心理学上有个"霍桑效应"，是指那些意识到自己正在被别人观察和倾听的个人，具有改变自己行为的倾向。受注意、被倾听的感觉，使得他们加倍努力，以证明自己是优秀的，是值得关注的。所以，班主任要找点时间，走到孩子中间，听听他们的心声，了解他们的需求，懂得他们的情绪。这时候，老师要管好自己的嘴，不管孩子说得是对还是错，都不要干涉，否则，听到的就不是真相。掌握了真相，才能找到最合适的教育策略。对于孩子，有太多的问题，倾听后不必趁热打铁，而适合冷处理。冷即冷静，冷静就是理智。

第三章 笑着言说

好的语言是钥匙，能够打开孩子的心门，让孩子笑口常开，如沐春风。"靠嘴吃饭"的班主任，有更高的语言规格，绣口一开，若不能口吐莲花，也要润泽心灵。

我的同事王老师是一个善于言说的班主任。她每每说话，开头必是："孩子们真好啊……"其实呢，刚入校的时候，孩子并不是那么好，甚至问题多多，但她的积极情绪，感染着孩子们，激励着孩子们，孩子们真的就越来越好了。现在，大家一提起她的班，都会竖起大拇指。

我的另一个同事陈老师则以另一种形式快乐言说。他已是人到中年了，可是跟学生一开口，却是完全的孩子气："呃，那个啥，我也搞不清应该怎么办，只是随便弄弄，呵呵呵……"孩子们看他笑得率真，也跟着"呵呵呵"地笑，课堂的气氛活泼融洽。这样一个乐呵呵的班主任，在不动声色之间，就把学生的能力培养起来了。

一、班主任言说讲分寸

在某节课上，男生小宋哭了，整整一节课都在哭，没有听课。

原来是刚上课，老师让读书，小宋的嘴巴小，声音也小，老师就调侃道："看你，跟个小媳妇儿似的。"

孩子们都回过头来看小宋，善意地笑。

小宋却痛苦地把头垂下去。过了一会儿，他的眼泪顺着面颊流下来。我当时正在教室后面整理作业，看见他极力想控制住眼泪，但还是没有办法，眼泪止不住地流啊流。

下课后，我把小宋叫到身边，递给他面巾纸，他还是止不住眼泪，我低声劝解，还是不奏效。

老师那句话的潜台词，似乎是小宋有些女孩子气，不像个男孩子。对于一个14岁少年来说，正是性别意识非常凸显、竭力捍卫性别的时候，性别就是他的尊严。所以，老师在开口说话的时候，请慎用语言。

班主任的语言是一门艺术。俗话说："会说话的想着说，不会说话的抢着说。"夏天气温又升高了，时不时有人在课堂上打盹，或者趴在课桌上打不起精神，我一方面心疼孩子们，另一方面也有些着急，怕他们不能很好地利用课堂40分钟。我想给孩子们以提醒，但我想把话说得温婉一些，于是，我走到打盹或没有精神的孩子身边，轻声询问一句："不舒服吗？需要我的帮助吗？"轻轻一问，就问出了背后的原因：也许是昨晚作业多，也许是身体不适，也许是学习兴趣不浓、动力不足。那么，解决办法也应运而生：作业多的，跟任课老师沟通，适当减少作业量；身体不适的，联系家长来学校接孩子送医；学习兴趣不浓、动力不足的，从他感兴趣的问题开始引导。

总之，好的语言是钥匙，能够打开孩子的心门，让孩子笑口常开，如沐春风。"靠嘴吃饭"的班主任，有更高的语言规格，绣口一开，即使不能口吐莲花，也要润泽心灵。

二、舍得花时间和孩子友好对话

我女儿13岁时，我们有过一次聊天。

她说："妈妈，我发现数学老师更喜欢我了。比如说上一次，我数学考了97分，老师见到我时，就说：'姑娘，又没有考满分吧？'您看，老师对我考满分充满信心！"

哦，老师的一句"又没有考满分吧"，让孩子听到了鼓励、信任和期望；而老师的一句"你真笨"，会让孩子听到冷漠、歧视和失望，甚至从此失去学习的热情。

时间把我拉回到2018届。

一天早晨，课前我查作业。查到璧勇，他奋力打开书包找作业，几乎整个头都探进了书包里。

我站着看，不说话。以我的经验，他十有八九找不到。一般来说，找得越认真，表情越从容，作业就越找不到。

道高一尺，魔高一丈，我比璧勇更加从容淡定，不动声色地说："璧勇，不着急，先读书，下课抱着书包到我办公室再找也不迟。"

我合理安排找作业时间，却又绵里藏针，不依不饶。

他把书包放一边，读起书来。我多次观察，他读书很专心。

下课后，我去教室，他看见我，就抱起书包过来了。

我说："好孩子！亏你还记得！"

他面带微笑，低眉顺眼。

我轻声问："还用找吗？"

他偷看我一眼说："不用，没有带。"

我追问："是不是没写或者没写完？"

他说："写了，没写完，昨晚写了一大半，后来忘了写完……"

我接过话题，替他说："今早起来发现作业没写完，来不及补了，就索性一不做二不休，不带到学校，告诉老师找不着了……"

他笑着点头："差不多吧……老师，您上课提问我吧！"

我窃喜："课堂提问与课后完成作业是两码事……"

他说："老师，我中午不回家，今晚回家把作业补齐，明天一并交给您。"

我说："可以，我等着。"

他说："谢谢老师！"

为了让孩子诚实地直面错误，我愿意花时间和孩子好好说话。我这样处理不吃亏啊，一是他主动要补作业，二是他主动提出上课接受提问。

是的，我要把他培养成一个主动成长的少年，而不是被动挨批的"受气包"。

后来，璧勇成了一个幽默风趣的孩子，爆出了很多金句。

有一次，在校园迎面走过，他没说话，我叫住他，假装生气："哼，不理我！"

他说："老师，您穿得太漂亮了，我没敢看！"

某天学《蒹葭》，孩子们说："这是一份可望而不可即的爱情，就像我们总想好好学习，成绩却总也没提高。"

璧勇慢吞吞地说："这只能说明我们爱学习爱得还不够。"

璧勇名字中的"璧"总被人误写成"壁"，他叹息说："美玉就这样变成泥土了。从小学一年级起，我的名字就被人这样写，都'土'六年了。"

2021年，璧勇以优异的成绩考进知名师范大学。将来他大概也会做教师，他这样妙语连珠，一定会成为最受学生欢迎的老师！

班主任的话，是要经过慎重思考和选择才可以说出口的。

一天早晨，我刚走到教室门口，就听见亚松和卫生委员小旭在争论："凭什么让我捡那么大一块地方的落叶？"

我走过去询问："多大块地方呢？让我瞧瞧。"

亚松气冲冲地指着一块不小的草坪："这块他都让我干，可别人都干得很少。"

我说："亚松，你只看着自己的活，就干得快了；再说，在我们班，从来没有人少干活的——劳动最光荣啊，谁不想多干活呢？所以，你大可不必担心别人比你干得少。你先干着，待会儿一定有人来帮你，我打包票。"

亚松不情不愿地弯腰去捡落叶，同学们也都走过来帮他捡。不一会儿，门前的地面一片洁净。他们高高兴兴地回到教室。

我走上讲台，对孩子们说："在我们的集体里，一定要做到人人有事干，事事有人干。不要计较谁干得多，谁干得少。眼睛总盯着别人，心里就发毛。我提议：以后谁值日来得晚了，就由同桌顶上；同桌也没来，就由前面那位补上；

前面的也没到，后面的就补上。今天你帮助了别人，以后就有更多的人帮助你。如果乐于助人、乐于奉献的精神能够成为我们的接力棒，一天一天传递下去，我们的集体就能达到真正的和谐。我的提议，你们同意吗？"

孩子们大声应和："同意——"

我发现，在应和的孩子中，有亚松。

我悄悄地笑了——如果老师以假设或肯定的语气跟学生说话，培养他们良好的习惯，那岂不是最好的班风吗？

三、善做"捧哏王"，调动学生积极性

某年深秋，我随中原名师团在上海学习。

一位校长带的衣服不够，我们陪她去买。讲价未成，她对店老板说："本来想着你给我降个价，我请她们几个吃饭哩。"

我接住话茬说："这下吃不成了。"

哈哈哈，大家哄堂大笑。店内充满了快活的气氛。

店老板看着我说："你真会捧哏。"

"捧哏"是相声中的一个术语。在相声艺术中，有逗哏和捧哏两种角色。逗哏是主角，捧哏是配角。在逗哏说完一段哏之后，捧哏的任务是给予评论或者台阶，以继续下一个哏。这个任务可不轻，要眼观六路，耳听八方。店老板这样肯定我，我深感荣幸。我是一个班主任，在学生成长的过程中，如果我能当个"捧哏王"，那简直是最好不过：捧哏这个角色既不喧宾夺主、光彩夺目，也不黯然失色，却又积极乐观，能接住话题，能捧住学生，帮助孩子尽情发挥和展示，这不正是班主任的美好追求吗？

那个休息日，我们从上海去苏州。在某著名景点，遇到一个头发花白的志愿者导游。也许是劳累的原因，他一见我们就没有好脾气，说话的声音冷漠又严厉。

我紧跟着他，他讲什么，我就回应些相关的。比如：他说"忠王府"，我就说"李秀成"；他说"曹雪芹"，我就说"《红楼梦》"。他讲着，我就捧着。

我捧哏的语言大致如下："哦哟，真好听！""真的吗？学到了！""长知识了！""哦？这样啊！太有意思了！"

我捧哏的结果就是，他越讲越好，越讲越引人入胜，讲到最后还意犹未尽。同伴们都说，是我的捧哏调动了这个导游的积极性。

感谢伙伴们的鼓励，他们的评价启发了我。我思考后总结了一下，捧哏的秘诀有以下几点：

1. 用心倾听。听对方说话，要有诚意，高度专注，切实了解对方所讲的话题，紧跟对方的思路，抓住重点，抓住特点。

2. 积极回应。在对方言说的关键节点，适时给予积极回应，哪怕只有一个语气词"哦"。不懂就问，不怕露怯。听完就评，正向评价，哪怕只有一个字"好"，也能激励对方说得更流畅、更动听。

3. 阅历丰富。同是捧哏，班主任和相声演员的语言系统不一样。演员是为了一时的舞台效果，班主任则是为了学生的持续成长，不仅要引人发笑、活跃气氛，更要促人反思、激人奋进。比如，当我看完八年级学生轩轩独立编导的课本剧，请她到办公室为她捧哏 26 分钟。她说特别想要学习怎样当编导，我就说："轩导，给你推荐某某大学的公众号，常留意，没准儿你将来就是那里的高材生。"我也受到激发，不断丰富自己，拓展自己。"读万卷书，行万里路"，才能在恰当的时候，捧出"热哏"，达己成人。

4. 语词俏皮。捧哏是语言幽默的体现，可以适当使用不同的语气和语气词"哦！""啊？""哎哟！"，这样的用语，轻松愉悦，有喜剧效果，对方易受感染且自动优化自己的情绪，愿意把话说得更好，把事情做得更好。

捧哏用在班主任工作中，也会有意想不到的效果。在当前新课程背景之下，孩子们越来越有学习主动性和创造性。双休日，媛媛同学就做了一次尝试：让学习过程可视化，开发"源源（媛媛）不断小课堂"——这个名称源于她自己名字的"媛"与"源源不断"这个成语中的"源"同音。她以小视频的形式把自己的学习状况讲给各科老师听，有时候她讲解，有时候她提问，有时候她质疑，丰富又有趣。她的开头通常是这样的："哈喽，大家好，这里是源源（媛媛）不断小课堂的第 × 期，今天，我们来聊一聊全等三角形……"单论学习成绩，她不是最好的；再看学习方式，她却又是超前的；细看学习态度，她是积极的。每一次，我都及时给予她回应："啊哟哟，小课堂，大创意。"她受到激励，坚持把"源源（媛媛）不断小课堂"讲了三年，学习成绩不断向好，最终跻身于优秀生行列。下文是她写的成长故事。

我就是那个不肯放弃的少年

媛媛

"大家好，这是源源（媛媛）不断小课堂的第一期，今天我们来讲……"

蝉鸣的盛夏，骄阳的燥热，加上周末的无聊，人心躁动不安。某一天，一个想法涌上心头："老师可以讲课，为什么我不行呢？"

说干就干。下课后，我拿起课本，翻阅起资料。哎？光讲课也不行，还得给它想个名字，嗯，我名字叫媛媛，那就取谐音叫"源源（媛媛）不断小课堂"，好记，还很有意义。

于是，支起支架，开始录制。

本以为已经做好了万全准备，然而，光线怎么这么暗？不行不行，我还得换件衣服，再扎个头发。

一个小时已经过去，终于可以开始录了！

"大家好，这里是源源（媛媛）小课堂，错了错了，是源源（媛媛）不断小课堂，再来一遍。"

"这句话运用了拟人的修辞手法，不是，不是，是比喻，再来！"

"再来一遍！"

"再来，再来……"

一遍又一遍出错,一遍又一遍重录。

"为什么这么难呢?难道是因为我不适合吗?我难道就录不好吗?"

"不!你一定可以!你要的是源源(媛媛)不断,怎么能半途而废呢?相信你自己!"

我鼓起勇气,深呼吸,把要录的内容读了一遍又一遍,读到最后甚至不用看就知道下一句是什么。我用坚定的目光看着屏幕中的自己:"大家好,这里是源源(媛媛)不断小课堂的第一期……"

按下结束键的那一刻,我成功了,我激动得一蹦三尺高,赶紧把视频发给老师。没过几分钟,就收到了老师的夸赞:"啊哟,比老师讲得都透彻!我的金饭碗拱手让给你!"我更加兴奋,在床上蹦来蹦去,几乎要把床给蹦塌!

第二天上课,老师又在课堂上让我展示,给我赞美:"哦哟,这小小的课堂,大大的创意。"我努力地控制住激动的心情,思绪却像脱缰野马一般自由飞奔。后来,我常会在学校抓紧把作业写完,回家就有更多时间录制小视频,享受求知的快乐。是的,我就是那个不肯放弃的少年。

媛媛记下了自己的成长经历,也让我感受到了捧哏的成就感。心理学告诉我们,一个老师的教态,包括面部表情和体态语言,占到教学效果的55%。我们笑眯眯地给学生捧哏,也一定能够调动孩子的主动性,开发他们的潜能,指导他们抓住时代的机遇,以自己喜欢的方式成长。

四、笑着言说,也适用于批评学生

自习课,别人都做题,一个女生不做,表情冷漠地呆坐着。也许是因为青春期的逆反心理,那段时间她对人都是一副冷脸,对事都是抗拒状态。她怒气值拉满，傲气膨胀，一触即炸，我可不能硬碰硬。

于是，我笑着用河南话说："妞，恁（你）在弄啥哩？多好的妞，不好好学习，可惜了！俺最爱看你写的字了。"

我平时都说普通话，这次冷不丁几句河南话，又表达了对她的欣赏，可把她给逗乐了。读者朋友，您可不要小看了这"土味情话"，一句顶一万句呢。

这不，不吵不训，一头横冲直撞的"小鹿"被我驯服，乖乖拿起笔做题。

孩子挑战老师的权威，多半是因为害怕被批评，先让自己长满炸刺，借此保护自己。对这样的孩子，不必直接批评，不激化矛盾，开个玩笑，创造一段轻时光，真不错。不然，矛盾爆发后，烂摊子还得自己收拾。

一个优秀的女孩，作业越来越凌乱无序，课堂上也慵懒无力，百唤不醒。一周前交来的作文，敷衍了事，比兔子尾巴还短。我要求她改后交来，她置若罔闻，迟迟不交。

于是，下课后，我把她叫到教室门外，询问情况。

她振振有词："我憋不出来！"

我说："作文，就是记录生活，不能靠憋。憋出来的，是眼泪，可不是作文。"

言简意丰，无须赘述。她进了教室，我紧随其后，随意在过道上走动。走到她身边时，她正对着自己的作文沉思。周围小伙伴的聊天逗乐都没有影响到她。我欣喜，但没有打扰她。后来找机会告诉她我彼时所见所思，她很感动。好的言说，不是即时说出，而是择时表达。

无独有偶，一个优秀的男孩和这个女孩一样退步，但又与她不尽相同，她是怠惰乏力型，他是得过且过型。我检查他的作业时，笑道："质检不过关，回炉再造。"事后，我再度把他找到办公室交流。他有了明显变化，我鼓励道："孺子可教，以你为傲。"他笑了，满面春风。

笑着言说需要亮点思维。即便他犯了错，也可以从他的优点、优势开始笑着言说。

一天晚上，作业极少，第二天早晨检查，女孩没写，说是不会做。我内心有火苗，题又少又不难，她学习又不差，怎能不会！分明是懒得写！

我默默逗自己：亲爱的，人一天有三迷，也许她真的犯迷糊了呢，不生气，不生气！

我掐灭心头的小火苗，给她提要求："向小伙伴请教，做完后讲解给我听。"

这其实就是要求她必须会，没有余地，但是因为不生气，说话委婉含蓄却又明晰有力，引起了她的重视，她在放学前完成了任务。

有的大人，害怕孩子犯错误，更怕孩子重复犯错误，只想永远风平浪静，一帆风顺。他们问我最多的问题就是："如果他再犯，怎么办啊？"

我讲一个故事。

检查作业，孩子说："老师，我又没有订正。"

说完，低着头，不敢看我。

一个"又"字足见其不止一次这样得过且过、敷衍了事。

我笑着说："看着我，15秒，然后跟我说一句话。"

他看着我，数了15个数，然后低声说："老师，我以后不这样了。"

我问："看着我什么感觉？"

孩子说："心虚。"

我说："孩子，可以虚心，但不能心虚哦！"

网友问："要是下次学生又犯了该怎么说呀，杨老师？"

怎么说？慢慢说，用心说，笑着说："这又旧疾复发了不是？这回你自己说，要怎么做才好？"用"踢皮球"的方法，让他拿解决方案，让他无路可逃。孩子成长的过程中，任何一个方法都不能永久性解决问题，不然孩子就不是孩子，而是木偶或者机器了。教育没有一劳永逸，只有不断探索。

那么，孩子犯错时，我们到底怎么说他们才肯听呢？

1. 通过观察、思考、倾听，解析犯错原因。

2. 根据孩子的年龄特点、心理需求、成长规律，或语重心长，或促膝长谈，或文字恳谈，或联络家长，或帮孩子寻找能够帮到他的学伴，不是为了施加压力,而是为了帮助他成长。无需言辞激烈,只需笑着言说。

温馨提示:

1. 解决问题的程度与时间成正比。20分钟以内就下定论的,多半只是蜻蜓点水,治表不治里。但也忌讳做事拖沓,絮絮叨叨,要简洁明晰,把握好"度"。为防止言谈冗长,中心不明,可以提前列提纲。

2. 解决问题的目的是促进孩子成长,不是推卸责任。讲道理不如给任务,请家长不如让学生自我教育。比如,我检查作业时,写得差的同学需要写下自己的名字——那一刻,他们真的有点羞愧。

有个孩子的作业只写了十来个字,我批改后把他的作业单放,想着下课找他。

一下课,他就主动来找我,略略害羞地看了我一眼:"老师,我的作业……"

我说:"真好,知道自己的作业做得不好,主动来找我。你拿回去补齐,下午重新交上来。"

他显出如释重负又心悦诚服的样子。

孩子犯了错,先肯定他的闪光点,再论错误本身,或者直接拿出解决方案,师生彼此悦纳。后续的补写、批改、订正、留言,一样都没少。他犯了错误,我不姑息,不妥协,不迁就,温暖地解决。不要怕孩子犯错,甚至可以说,犯错是一种更好的成长,同时要给孩子纠错的信心和勇气。为每一个孩子花时间"私人定制",劳神费力,但教育只有沉潜与深耕,没有捷径。

师生有一方生病或疲累时,不要处理问题。病态身体容易滋生病态心理、随意言行,既不能唤醒对方,也不能保护自己。但也得记住这件事,择时处理,忌不了了之。

还需要注意的是,孩子重复犯错,或错上加错,不要轻易否定或放弃,可以尝试重新寻找更好的交流语言。批评学生最讲究语言艺术,用以下几种方式,可以春风化雨:

1. 运用名言警句或自创对偶句,句式工整,有喜剧效果。如:"弱者自以为是,强者学无止境。""隆冬寒风起,学友暖意在。"

2. 风趣仿词，幽默却有力量。如："你呀，真是个'拖沓天王'（仿'托塔天王'）！""嘿，你这个'忘仔'（仿'旺仔'）！"

3. 网络流行语为孩子们所喜闻乐见。如："你这作业真是'辣眼睛'。""又'翻车'了吧？'吃瓜群众'都看见了。""好好学习不'香'吗？"

4. 积累俗语、谚语、歇后语，言简意赅，押韵顺口。这里略举几例："泉水挑不完，知识学不完。""光说不练，枉学百年。""你这是旱地里的泥鳅——钻得深。""鲁班门前问斧子——讨学问来了。"

所有的批评，都不仅仅是为了制止，还要指向建设，同时做好善后处理，促进人的发展。

五、笑着言说温馨小贴士

1. 不要贸然开口。所谓"高人言慢，贵人语迟"，草率粗暴地说出来的话，不是伤着别人，就是两败俱伤。认认真真思考后再言说，比不假思索、脱口而出效果好。

2. 不要寡淡关怀。一得知学生熬夜，就说"要劳逸结合，保证休息"，殊不知这缺乏情感养分的话，已经堵死了交流的通道。在这个知识爆炸的时代，压力山大的孩子不需要谁来教训。得知对方熬夜，不妨询问一下对方熬夜的"战果"，给予肯定和赞美，以增强对方的成就感，促使对方打开话匣子，而后不动声色地给予温馨提示："嗯，保证睡眠的话，可能效果更好哈。"

3. 要有同理心。比如得知对方熬夜学习，就要站在对方的角度去考虑赶工的必要性和意义，给予对方理解与怜惜，同时以假设语气给予提示，一句"孩子，你辛苦了，如果科学地处理学习与睡眠的关系，可能健康与成绩都能兼顾"比"注意身体，不能熬夜"效果好。

4. 可以说一些善意的谎言。孩子熬夜，通常需要补充营养，如果刚好方便，班主任可以赠送一点水果、牛奶之类的小礼物。为了使对方乐意接受自己的馈赠，可以说："这个，我给自己也留了一份，挺好吃的。"我曾经这样做过，没想到这份小温暖被孩子记了很多年。

5. 不要说教。尤其是学生面临人生选择的时候，可以提建议，但不要把自己的想法和意志强加于学生，"我希望你考到某某学校"，比不上"到底考哪所学校，建议从长计议，从当下出发"。

6. 不要啰唆。当老师的人大多啰唆，一句话说两三遍，也常常重复别人说的话。这一点得改。其实老师的啰唆是一种实实在在的好心肠，唯恐学生没听明白，但这是一种多余的交流。话说一遍，表述清晰即可。别一遍遍重复说话，连路过的蚂蚁都背得下来你说的话，你还在不厌其烦，喋喋不休，这真不是上策。语言是金子，要反复淬炼。

7. 班主任笑着言说至少有11种语气：问候、欢迎、安慰、激励、批评、赞美、商询、请托、道谢、致歉、拒绝……什么时候，用哪种语气，关键在于一个"巧"字：

（1）巧破冰：化尴尬为趣味。我曾经饱受荨麻疹的折磨长达四年，某届开学第一天，我的嘴巴肿得比香肠都圆，说话很困难，这可把孩子们吓着了，我自嘲道："莫怕，孩子们，我这是向你们传达我的教育理念呢：在这个班，话语权在学生，不在老师。"孩子们一下子就笑起来，紧张气氛消失。

（2）巧唤醒：任务驱动。班里有个女生不爱学习，我就请她帮我批改作业，没有强制，而是示弱："姑娘，我最近工作好忙，一个人做不了，请你帮帮我。"于是，她担起了批作业、发作业的任务。这样的事情做得多了，她自然就会有进步——哪怕进步一点点，也说明这是一种有效的方法。教育是慢功夫，心急吃不了热豆腐。

（3）巧表扬：只肯定，不比较。"凌志，你阻止同学说闲话，很有正气！""雨桐，你的作业格式正确，步骤完整，书写认真，一天比一天好！"所有的对话里，都是孩子自身散发的光芒，没有比较的对象。积极成长的孩子，没有对手，也不必树立榜样,"你要向某某学习"这样的话,大多数学生不爱听。纯净、明朗、不被比较的孩子,没有思想压迫,一路向前,进步更快。

(4)巧道谢:内容具体。"小丽,谢谢你帮我拿来教科书。""小伟,谢谢你把名单分类记,这让我一目了然。"这样具体的言说内容,帮学生确认了他们体现出来的美德和优势,并将其发扬光大。

(5)巧致歉:或直面错误,或侧面自嘲,都能成为班主任的语言特色。有一段时间,霏霏的作业连续出错,我说了她两句。下课的时候,她在座位上流眼泪。我发觉是自己说话欠妥,赶紧去给她道歉:"不好意思,霏霏,我说话就像炒豆子,热得快,嘎嘣脆,有时豆子还会煳,还请你多原谅。"

后来,她妈妈生病做手术,我帮她打印复习资料,她很感动,期末考试考了全班第一。

班主任每天面对的事情多而杂,自然也会有话急的时候,及时发现,及时道歉,及时修正,一切都不是问题。

(6)巧拒绝:态度明朗,言辞简洁,加上折中方案,是拒绝的好办法。拒绝的时候,通常可以使用这样的句式:"很抱歉,这件事我帮不了你,不如……"

一个孩子打来电话说要见我,他考试没考好被爸妈批评,发生了争吵。他在电话那端泣不成声,我根本听不清他到底在说些什么。我想,首先要平复他的心情。问他是否离家出走了,他说没有,和爸爸在一起。我放心了,婉拒他说:"孩子,很抱歉,我帮不了你,如果你控制自己的情绪,不和爸妈吵,并且谦和有礼地道歉,那你就胜利了。"

孩子非但没有怪我,还在毕业时给我下一届学生写了一封信:

亲爱的学弟学妹们,你们好!你们面前的这个老师,新潮,天真,温暖,负责。可以这么说,她是我,也会是你们一生的恩师。

每个人都是会犯错的,即使是老杨的学生。八年级下学期,我开始每天去网吧,上课睡觉,昏昏沉沉,我爸发现了我的勾当,后果可想而知。那时的我只有一个要求，让我给老杨打个电话。电话里我无助并且慌乱，不知道该怎么办，她当时说的话，是我这一生都受用的："孩子，你犯下的错，你必须去面对，去承担。"之后，她并没有因为这件事而觉得我是坏学生，在她眼里，是没有坏学生的。她认为，那只是一个犯错的孩子，我甚至还和她讨论我被抓以及后续的经过。我信任她，正如她信任我一样。

你们应该感到幸福，可以拥有三年与她相处的时光。她会是一个太阳，给你们光和热，但你们也要温暖她，因为这个太阳也未免有些孤单。我希望她健康、快乐，想让时间放过她，就像儿子希望母亲一样。我很幸运，能和老杨共处三年时光，现在这份幸运属于你们，望你们珍惜。

（7）巧闲谈：探索更多的教育可能。早晨上班，遇见阿键，一路走一路闲聊。我问他："你长得像谁？"他说："我弟。"

"哈哈哈……"我忍不住笑出声来。被问长得像谁，一般人都会说爸爸或妈妈，或两者都像，他却说自己像弟弟。

他说："真的啊，老师，我奶奶都不能从照片上分清我和弟弟谁是谁。"

课堂之外，我宁肯闭嘴，也不和孩子谈学习。学习不离口，是孩子最厌恶的。巧闲谈，得人心。阿键妈妈告诉我，孩子在家里总是夸我："杨老师跟我们说话，要么鼓励，要么好笑，她不谈学习，可是我们都愿意学习。"

8. 淬炼文明用语。老班的语言要有"先生范儿"，能起到正向示范的作用，少说"禁止打扰""不得抄袭"这样生硬的话，多说"谢绝打扰""请勿抄袭"。当班主任发自内心地尊重学生时，言语措辞会更加柔软、温暖、雅致、得体。

9. 要有开放的心态、博大的胸怀，能接受世界的变化，能尊重对方的不同观点，能化解所受的委屈，能担当肩上的责任。比如，两个孩子打架导致受伤，班主任要平和面对，做好双方家长的沟通工作。家长争论"你家孩子先出手""你家孩子责任大"，这时班主任就要搭桥牵线，劝说学生家长先停止争吵，该出钱出钱，该出力出力，毕竟治疗是当务之急。若是事件重大，要走法律程序，取证裁决，班主任更要言辞恳切。班主任的言语，既要关怀受伤的孩子，也要关怀伤人的孩子——他的恐惧与不安也不少。吃一堑长一智，交流畅通，引导得体，所有的事故都能变成故事。

某一年，班上有个孩子参与打群架，把对方打伤住院，我配合学校给予处分，但我自始至终没有一句怨言和训斥，而是好言相劝，暖语相伴，打动了学生及其家长，孩子没再惹是生非，而且变成了一个勤奋的暖男。他长大成人后，多次来探望我，还特别邀请我参加他的婚礼。

班主任用眼睛看，用耳朵听，最终还是要落实到言说上。"语言是思维的外衣。"言说不是居高临下的说教，而是入情入理的分析，是贴心贴意的建议，是激情澎湃的唤醒，是动力满满的激发，是科学睿智的引导，是信心十足的鼓舞。"言为心声"，班主任的言说，体现源源不断的爱、生生不息的温暖和熠熠生辉的希望。

第四章 笑着行动

孩子犯错,就好比生了病,是"刮骨疗毒"下猛药,还是"保守治疗",要根据具体情况而定。不管选择哪一种方式,其目的都应该是保护人的尊严,促进人的成长。

一天夜里，我接到一位学生家长的电话。她两次发现孩子说谎，两次揭穿孩子，孩子根本不改。她说着说着就哽咽了。

我说："您想要孩子诚实，出发点是好的，只是方法可再斟酌。孩子说谎了，是因为他怕被批评，他需要的不是批评，是纠错。那就少批评，多和他商量纠错方法。父母容易犯的错误，就是只从负面批评，不从正面建设。从批评走向建设，转变观念很难，但不转变观念更难。凡事从孩子的成长需要出发，教育才有价值。适当批评可以帮助孩子明确成长方向，但更多的时候，要拒绝低效或者无效批评，而是致力于有效纠错。"

我把这件事发在微博上，阅读量飙升，热心的网友们展开了热烈讨论，这里摘录部分网友的讨论：

@密西根湖畔的Diana：重复而低效的批评，容易引发孩子的消极情绪和逃避意识；到位而高效的纠错，有益于保持孩子的自信心和主观能动性。

@非爱不可2008：一味地指责揭穿，只会让孩子的谎言变本加厉。

@冷艳的似曾相识-575：孩子有的时候说谎并不是他的本意，他可能是遇到了一些困难，这时候家长要做的是和孩子沟通、交流，而不是一味地指责。我觉得杨老师说得对，在教育孩子的时候要找对方法，这样才更有利于孩子的成长。

@lovelyle：很多小孩的撒谎，都是顺着大人的思路说出来的。

@笑着去生活：说谎归根到底就是不自信，想要蒙混过关。我们应该更多地看到孩子的痛点，给予他们帮助。

@阿弥君：这位家长也太脆弱了，孩子撒两次谎就哽咽。

我回复@阿弥君：在她的心里，是希望孩子半次谎都不要撒的。

@阿弥君回复我：这样焦虑对孩子真的好吗？

我回复@阿弥君：好的话她就不会给老师打电话了。她感觉没辙了才焦急。家长也需要成长，我们要对他们有耐心。孩子一直在退步，现在已从中等退到倒数。她心里很难过，感觉孩子满身缺点，情不自禁地哽咽。望子成龙，却又束手无策，情不能自已，这是很多中国妈妈的共同特点。她们需要我们的理解和帮助，哪怕是点滴帮助。

@修鹏读报：孩子说谎，大多是父母造成的。人在被胁迫、被诱惑等无法自然交流的情况下，自然会习惯于找到自认安全的另外一种解释，以逃避压力和惩罚。根儿在父母，自幼形成。孩子是白纸，图画有瑕疵，不要怨纸张。

@花隐不知春：孩子爸爸呢？其实孩子爸爸用心起来，事半功倍。

我回复@花隐不知春：很遗憾，他那贪玩的爸爸几乎不关注孩子成长，妈妈是全职太太，乃至于最初我们曾误以为他是单亲家庭的孩子。

@花隐不知春回复我：缺席的爸爸+焦虑的妈妈="问题孩子"。要么爸爸承担一部分育儿责任，要么妈妈减轻焦虑。轻松温馨的家庭氛围才是孩子健康成长的基础。还好，还有这么一位老师能和忧心的妈妈耐心交流。担心不如用心，庆幸有这么一位好老师理解她，不催促，不心急，慢慢来，慢慢改，慢慢成长。

@循循自然归：老师，您这么体谅孩子，是因为您父母就是这样教育您的吗？真的很感动。有时知道道理却做不到，怎么办？

我回复@循循自然归：很幸运，我的父亲教会我多理解他人。凡事以人为本，站在发展的角度，用成长型思维考虑问题、解决问题。

@斑马与小鬼：孩子也是有自尊的，他们小小的心灵倔强而又脆弱，教育孩子，我们不应站在制高点去统治他们，而是应该和他们平等地站在一起。

@仁和制药：换位思考是解决问题的主要途径之一。没有什么问题是解决不了的，如果解决不了，就是我们的方法有问题。

@泰言余语：家长的言行直接影响孩子的思维。

@罗宝宝爱吹鼻涕泡：同意老师的观点，一味批评只能起到反作用。从一开始的不愿意听，到后来的反感，最后就可能是和父母顶嘴，听不得任何建议了，不论好坏，都觉得是对自己的批评。我也经历过叛逆，感受尤为深刻。有时候，孩子说谎是被大人逼出来的。大人总是抓住孩子的某件事或某种行为不断追问，或者惯用批评指责手段，孩子怕被再次批评指责，就顺口推脱逃避，出口成谎。大人少说点，多做点吧。听其言，观其行，察其色，暖其心。

我们总是望子成龙、盼学生成功心切。可是，在相处的过程中，大人的冷漠便多了起来。大人冷漠的背后，是火热的心，可是孩子不懂"热"，或者怕"冷"，这会导致亲子、师生的心灵脱轨。当然，关爱不是溺爱，两者之间不仅仅差着一个字，更存在教育理念的差距。这需要我们慢慢探索与体验。具体怎样笑着行动，值得我们不断探索。

一、巧排座位，益处多多

作为班主任，比较费心的事，就是排座位。

我排座位，讲究这样的原则：尊重每一个孩子，温暖每一颗心灵；还原教育的公平，挖掘孩子的潜力。

1. 按性别安排座位。尽可能让男女生交叉，消除性别障碍，营造和谐氛围。排座位之前，要做调查研究，要照顾到有弱视、远视等眼疾的孩子；近视比较普遍，一般不需要特殊照顾，但也要对孩子说明，一来让他们体会到老师的公平公正，二来引导他们学会体谅和关爱弱者。合理地排座位，能够增强班级的向心力和凝聚力。

有一个不容忽视的问题：时代在发展，人民生活水平越来越高，一代更比一代高。就我近 20 年的观察，孩子的身高通常都超过了父母，1.8 米以上的初中生随处可见。那么，问题来了：排座位，要不要考虑身高因素？高个子的学生，就该永远坐后排吗？

这一届，有一个男生，七年级入校时身高 1.81 米，体重 170 斤。升入初中时，正值新冠疫情。学校按人数编排班级，上了半个月网课。网课期间，他在我班上。返校复课后，他分到了别的班。

一天早晨，遇见他妈妈，我们聊起他。我告诉他妈妈，上网课期间，他遵守纪律，有礼貌，有很多好习惯，还有很多潜在的好素质，耐心陪伴，将来会有大爆发。

他妈妈叹息道："唉，大爆发，怎么可能？他不行！学习粗心大意，得过且过，缺乏上进心……他因为个子高，从小学一年级就坐最后一排，和一群差生混在一起——那时他受到干扰，坐都坐不住，上课上着上着站起来就跑……现在都上初中了，还是不长进，除了长个子，干啥都不主动。他就是被高个子耽误了。"

我想起往届 1.91 米的芃芃，1.89 米的"大长腿"，1.87 米的云逸。他们和别的同学一样，每周朝右前方滚动换座位。这种座位滚动很科学，可保证班级的每个座位他都能坐到。身高、体重，还有学习成绩，绝对不是孩子座位受限的理由。没有人应该永远坐在教室的后排。但总有高个子和潜能生被扔在"西伯利亚流放区"，一扔就是几年。调座位，他们也只能是在后排象征性地动一动，被敷衍而已。"高个子，低自尊"，似乎成了这类学生的标签。只有在运动会上，他们才能够发挥身高的优势，跑跑跳跳，为班级争荣誉，可运动会也不过是一年一度，他们的高光时刻，不过是一两天罢了。

当年，当芃芃也像其他人一样坐到第一排的时候，当集体活动中他身着漂亮服装成为团队中心的时候，他妈妈居然对我感恩戴德："谢谢您呀，杨老师。我是小学老师，孩子之前就在我任教的学校上学，可是他照样在最后一排坐了六年。老师们都认为，他个子高，坐前面就会挡住别人看黑板。开展文体活动时也是这样，排队形的时候，老师就抱怨，说他'鹤立鸡群'，跟整个集体不协调,站哪儿都不合适。让我意想不到的是,现在上初中了,他居然能和同学融为一体,不再被边缘化,不再被另眼相看了。"

这是他本就应该拥有的权利。在他妈妈的影响下,初中三年,芃芃对我也格外体恤。

有一天晚上,我收到他用妈妈的手机发来的短信:"杨老师,您好。很抱歉,我放学后使用手机被年级长发现,手机被没收了。我已经跟年级长解释过,此事跟您无关。不过我还是怕他怪罪您,请您有个思想准备。"

自此以后,班里犯了错的孩子,都会十分恳切地担当责任:"对不起,这事跟杨老师无关,责任由我来承担。"

同事们开玩笑说:"杨老师的筐里,没有烂桃儿!"

可是,至今依然有这样的孩子:快速增长的身高,成了自己成长的障碍。个子高,成了一种错。他们不被善待,不被看好。他们有苦难言,有委屈无处诉说。然而,为什么成年以后找恋爱对象,又都喜欢找高个子呢?为什么有的孩子个子矮了,家长还着急,在学校附近租房子以保证孩子有充足睡眠促进长个子呢?

于是,我跟这个孩子的妈妈说:"不要期望值过高,我们可以更客观地评价他。他有显而易见的缺点,也有难能可贵的优点,这很不容易。高个子本来只是一个特点,却带来很多烦恼——长得太高,那就只能坐最后一排;长得太高,就不能像别的小伙伴一样疯玩,不然就会被扣上不懂事的帽子。他们的童年,过早地结束了。高个子或者潜能生总是坐后排,是不公平的。小孩子缺乏自制力,长年累月,天高皇帝远,少有靠近老师的机会,被边缘化,成了'野生小兔',四处乱看,四处乱钻。孩子之间,又互相影响,久而久之,就养成了懒怠散漫的坏习惯。当他不够好的时候,大人们更是眼睛都不眨一下,死盯着他的缺点,整天说他这不行那不好。更不公平的是,他本人也形成了思维定式:我学习不好,我一事无成,我不讨喜。无辜的少年,就这样活成了被误解、受委屈的'高人',被贬低为'光长个子不长心眼'的愣小子。他的青春期,他的少年时代，是没有安全感和归属感的。他反而有点自卑，甚至要把腰塌下来才敢坐下去、站起来。我们莫要动不动就提他的过去，也莫要消极地预测他的未来。不要总想着他还有多少个'没做到'，要多想想他已有多少个'做得好'。关注当下，如果他依然坐后排，不妨跟老师聊聊，请老师合理地安排座位。这件事得你做，给予孩子成长的安全感，是一个母亲应尽的责任。"

他妈妈若有所思："杨老师，我明白了。不要责备他的过往，不要奢望他的未来，就在当下，给他争取好一点的成长环境。"

我说："是的，别忧虑，别担心，别责备。鸭群里，最大最丑的那一只，曾被舆论误解，曾被世俗驱赶，可是，最终它长成了白天鹅。"

我们这一届目前已经在读九年级了，这个孩子已经长到 1.88 米了。他被父母疼爱，被老师厚爱，被同学喜爱，生活得很幸福。幸福的孩子总想把自己变得更好，他凭着顽强的毅力，每天跑步、打球，成功减重 20 多斤，成了一个大帅哥，学习成绩也突飞猛进，还被学校评为"最美学生"。

2. 排座位也要兼顾孩子的学习成绩。如果坐在某一片儿的孩子没有一个学习成绩领先的，就难以形成高涨的学习气氛。所以，在安排座位的时候，要在每一片儿都安排学习成绩领先的孩子，并借鉴所谓"片儿警"的称谓，任命成绩好、乐于助人的孩子官拜"片儿长"，让他们以身作则，营造学习氛围，同时"扶危济困"，确保集体不掉队。

3. 为了体现真正的人文关怀，要实行滚动式座位。如何滚动？前面已有叙述，这里不再赘述。

4. 为了鼓励"志同道合"的孩子互相学习，取长补短，也会"特事特办"，把这样的孩子座位安排得比较靠近。比如，班里有一男一女两个孩子都酷爱数学，都喜欢挑战高难度问题，为了更好地"资源共享"，我特意安排他俩坐前后排，任命他们同时担任数学课代表。每每做数学题，都是他们那一片儿完成得最好，别的"片儿长"也不甘示弱，发动本片儿成员喊着叫着与他们"PK"。就这样，这一对"黄金搭档"，掀起了全班热爱数学的新高潮。期末考试，满分

100 分的数学试卷，我班 52 人中，有 14 人满分，6 人 99 分，一时传为美谈。

5. 有一类孩子，属于"演说家"，坐到哪里都喜欢说小话儿，自己学不好，也影响同学学习。这样的孩子也要给予"特别照顾"，让他们坐在班干部或自制力强的同学身边，使其"见贤思齐"，促其"内自省"。当然，这类孩子往往有"顽疾"，需要更多的关怀和激励。他们的座位，可以流动性强一些，多更换，常调整。班级建设原本就没有一劳永逸的办法，但有常换常新的思路。"班主任"谐音"绊住人"，做了班主任，就不要怕麻烦，给孩子勤换座位，乐在其中。

6. 让学生担任"排座员"，锻炼他们的能力。这是我同事路老师的创意。班里有个孩子，上课坐不住，作业也写得不好。按照常规的评价标准，这个孩子没有什么优点。但他是个幸运儿，遇见了路老师这样智慧的班主任。

刚升入初中那会儿，同学们还彼此不熟悉，路老师安排这个孩子每周日下午给班级排座次表，路老师审阅后，由这个孩子发布到家长微信群，附言："同学们好，这是新一周的座次表，请查阅自己的座位，以免明天走错。"

这是一个很棒的方法，我以前从未用过，也从未见过。我教他们班的课，要好好学习一番。

周一我到校很早。路老师和这个孩子到得更早。路老师站在讲台上陪伴学生，这个孩子则拿着打印好的座次表，站在教室门口，等待着同学们的到来。每来一个人，他都认真地和人家一起在座次表上找名字。他帮到了别人，自己也开心。后来，又有几个孩子做过"排座员"，每个人都要周日下午在群里发布新的座次表。新的一周自己坐在哪里，每个人都清楚明白。

我很感慨，这就是路老师教育有方。为一个孩子安排了一件提升价值感的事情，鼓舞了孩子，帮他建立了信心，既锻炼了孩子的能力，也减轻了班主任的负担，一举两得。

7. 把自选座位作为奖励。可在班级规章制度中，设置自选座位规则。比如，连续 10 次积极回答问题且有创意，连续 10 次作业得 A^+，连续 10 次为班级发展做贡献……均可获得一次自选座位的机会。

排座位不是一件轻松的事情，但我们依然可以笑着去做，它需要我们充分地调查研究，全面地思考分析，理性地关注与关爱。遵循教育规律，科学安排座位，也能营造良好的班风、学风，得到学生及其家长的肯定和支持。

二、适性扬才，人尽其能

一个爸爸跟班主任陈老师说："一年365天，我每天改掉孩子一个缺点，我就不信他的缺点改不完！"

没过多久，孩子崩溃了！因为爸爸的聚焦点在孩子的缺点上，而不是孩子的亮点上。这是成年人的思维，不是孩子的立场。

陈老师跟那个爸爸说："一年365天，您每天发现孩子一个优点，我就不信他变不好！"那位爸爸采纳了陈老师的建议，孩子进步了！因为陈老师用的是亮点思维来看待孩子。如果班主任总是气呼呼地对待学生，那是因为他没有从学生的立场去面对问题、思考问题、解决问题。和孩子在一起，出发点一定要是"人"。很多问题，我们可以笑着解决。

（一）把优秀生培养成幸福的人

一个周五的下午，开家长会。孩子们主持，我独自坐在办公室，一边等待孩子们来叫我，一边用手机写作。

这时进来一个个头高挑的漂亮女生。她问我："老师，您知道Z老师的手机号吗？"

我看看她，觉得像上上届某个班的A同学。她姑姑是我们同事，所以我虽然不教她，但认识她。她是个优秀生，初中毕业考到了本市最好的高中。当时她在读高二。我以为是来探望Z老师的，就把Z老师的电话号码给了她。

我叮嘱："Z老师在开家长会，你这会儿不要打电话。"

她说:"我知道的,我是来给我弟开家长会的。"

我问:"你弟弟在 Z 老师班上吗?"

她轻声细语地说:"不在。要在她班上,我就不让我弟上。"

声音轻,话语重。这话里有刺儿呀!我不解地看着她!

她说:"我上九年级时,这个老师曾让我很难堪,这对我影响很大,直到现在我都不能与老师交心。我今天来就是找她聊聊这件事。"

我想了一想,心下生疑:"她没有教过你班的课呀!"

A 同学说:"代过一个星期的课。唉,就这几天就发生了一件事情,让我直到现在都忘不了。当初因为这件事,班主任还把我狠批了一顿。"

我不知道两年前到底发生了什么,我只想劝劝女孩,就说:"孩子,没有人可以左右你的情绪长达两年吧?以我对你班主任和 Z 老师的了解,他们都是很善于与学生相处的老师。就算他们当初有什么不妥,这两年他们也在成长。老师也是普通人,也需要理解与原谅。建议你站在成长的角度考虑问题。"

她说:"老师,我不喜欢心灵鸡汤。您不要这样劝我。"

我不再说话。不得不说,这几年,心灵鸡汤被很多人曲解和滥用了,空洞无物甚至无中生有的励志故事,的确不能滋养心灵,而就事论事的劝说,也被称为"心灵鸡汤",真的令人无言以对。

她侃侃而谈。除 Z 老师之外的同事们陆陆续续回到办公室了。Z 老师的一个学生也进来过,那个学生还留下来听了一会儿。

A 同学根本不管我们的感受,滔滔不绝。在这个已经毕业两年的女生口中,当年的班主任犯的错误不少。

她陈述的都是负面信息。很明显,这是一个不懂相处之道的优秀生。懂相处之道的人不会只看到一个老师的缺点,长达两年都不能放下。懂相处之道的人不会这么缺乏自省意识。我不信,她和 Z 老师之间的矛盾,责任都在 Z 老师;我也不信,她的班主任像她说的那样缺乏教育智慧。

她说:"我看您与学生相处很好,当初如果是您教我就好了。"

我说:"说实在的,我很庆幸没有教你,因为我比你的老师们缺点更多。我不信他们就没有一点儿好。"

她说:"有啊,他们的好影响已经内化为我的素质,我都忘记了,不好的都被我记下了。老师的缺点也需要指出来呀,这也可以帮助他们成长呀!"

没错,老师的缺点需要指出来,但不需要她这样的指责与怨愤。她言语中多有不尊重字眼,让我觉得很不爽。

办公室的同事们没有参与谈话,但他们的眼神也流露出对 A 同学的遗憾和惋惜。用一句大家常说的话来说,这不就是培养了一个"白眼狼"吗?

在 Z 老师来办公室之前,A 同学离开了办公室。我长舒了一口气。Z 老师开家长会很累,若是一进门就遭到质问,得多难受啊!

A 同学走后,同事们都表达了对她的忧虑。老师们辛苦教了她三年,她只表达了对英语老师的感谢,对班主任及 Z 老师都是不满和指责。这样挑剔地看待别人,她自然是不快乐、生活质量不高的。

这时,Z 老师疲惫地进来了。我们都没有告诉她 A 同学来过。让她歇歇吧!

我回到家吃晚饭的时候,Z 老师的电话来了。她家住得远,那时她还在路上,恰恰又遇上堵车。

原来,她的那个进过办公室的学生听见了我与 A 同学的谈话,给她发了信息:"老师,有人找您复仇来了,具体情况问杨老师。"

她惊呆了,来电问询。

A 同学始终没有说当年到底发生了什么事,Z 老师费了九牛二虎之力也没有想起来。她只记得她代课的那一周,被一个女生气哭了,她跟班主任说了,班主任批评了女生。女生的相貌特点,叫什么名字,她都不记得了。

得知 A 同学有她电话号码,她紧张得两分钟看一次电话,唯恐错过。

A 同学并没有给她打电话。

她说:"我做梦都没有想到,代课一周竟然给学生带来这样的影响……可我真的想不起来那是一件什么事了……我给她当年的班主任打电话也没打通……

我想通过她姑姑要到她的电话号码，问问她具体事件，如果是我的错，我道歉。我工作 10 年了，可从来没有人找我复仇啊。我好难受……"她说到后来已经泣不成声。

我说："你和她当年的那位班主任今天都因为开家长会太累了，缓缓吧！当年那件事都把你气哭了，可见你也受了委屈。孩子来找你，可能就是想说清楚，而不是复仇。她没给你打电话，也许已经看开了，放下了。你不用急，把一切交给时间吧！我有个小建议，如果孩子找到你，责任在你，你就诚恳地道歉；责任不在你，你就引导孩子走出来，放下去。我们有永远帮助学生的责任和义务。"

A 同学一直没有找过 Z 老师。希望她学会了理解与原谅吧。

这件事也引发了我的思考。学生一旦产生大的情绪波动，老师要倾心沟通，不能批评了之。最好不在当时沟通，因为生气、伤心都会影响判断和表达。冷处理后，当事老师和班主任先沟通——是沟通，不是告知，更不是告状。达成共识后，班主任要主动营造轻松愉悦的氛围，和学生交流，解开心结，毕竟"解铃还须系铃人"。

那么，对于学业上蛟龙扶摇、惊鸿翩跹的优秀生，到底该如何培养他们，引导他们全面发展呢？我们可以这样做：

1. 引导他们担责、助人、达己。早在 1946 年，美国学习专家埃德加·戴尔就发现了"学习金字塔"，他指出，"教别人"或者"马上应用"，可以记住 90% 的学习内容。所以，对优秀生最好的培养，是让他们"教别人"，营造班级浓郁学风，并且在此过程中，获得豁达精神和开阔胸襟。

2. 让他们成为学习活动的组织者。适当的时候，让优秀生讲课和组织活动。"眼观六路，耳听八方"，优秀生知识丰富，善于处理学科之间的交叉融通。当然，不能让他们打无准备之仗，要给他们"备课"的时间。孩子最懂孩子，优秀生一定能把课讲解得深入浅出，他们的表述也一定更为小伙伴所喜闻乐见。平时测验，就让他们出题。优秀生也有学习任务，所以不要让一个人出一套题，要把试题分解，优秀生合作出题。以我教的语文为例，按板块分解，有人出基础题，有人出阅读题，有人出古诗文赏析题，有人出写作题。每一板块两个人出，这样有商量，有研究，有碰撞，有融通。出题就意味着深思熟虑，出过题的学生，成绩一定好。

要不断给优秀生赋能，课前预习的分配、课后作业的布置、课外提问的安排，他们都是可以承担的。比如，八年级的优秀生这样写周末语文作业的文案：

亲爱的同学，通过这一周语文课的学习，你是否也向往陶渊明隐居山野的物我合一，去体验一番"悠然见南山"的超脱世俗、悠然自得？你是否也去想看看安史之乱战火纷飞中大唐的国破城失，去拜见诗圣杜甫，与他交谈时代大潮中个人与国家命运交织的波澜起伏？你是否愿意站在古城头，撷取李贺的壮志豪情，奔赴边塞战场，与大唐官兵将士一同并肩作战？那么就请你认真整理课堂笔记，并和小组伙伴团结协作，进行二次创作，以文字、图片、视频等多种形式，展现历史与文学的浩瀚壮阔，创造出属于我们自己的《典籍里的中国》。

给优秀生赋能，也需要交流引导。

比如，有个女生聪明伶俐，认真完成作业，但她缺乏深度思考的习惯，我就笑着指出来。

她说："每次看到可以深挖的知识，想一点就懒得想了，可能是因为觉得堆在我眼前的事和压力太多了，还不如去赶紧完成别的事，所有想思考的苗头，都会被我自己压下来。"

我说："压力的大小，取决于看待压力的思维方式。孩子，不要仅仅考虑考出好分数，而要养成终身乐学善思的习惯，这将让你不断尝到学习的甜头，永远受益。"

"心有灵犀一点通"，这个女生优化了学习方式，养成了深度研究的习惯，学习成绩更加突出，对未来的发展也有了更清晰的思考和更远大的理想。

总之，对优秀生的培养是全方位的。不仅要让他们会学习，更要让他们有被感动的能力、发现美的能力、善于沟通的能力、与人友善相处的能力。我们不能把孩子培养成高分标本甚至是冷漠的学霸，而是要帮助他们成为善于表达的研究型学习者，有能力、有担当、有爱心、有格局的快乐幸福的人。

（二）让中层生的"灰色地带"变成"五彩祥云"

中层生通常被称为"灰色地带"。他们不够优秀，很少被老师表扬；他们不算调皮，也不怎么被批评，很容易被忽视。有一些老师，找到了建功立业的"金手指"——指点指点踩线生，班级优秀率的百分比就"噌噌噌"上来了。在他们看来，优秀率是一个班级、一个学科的命脉；在他们眼里，优秀生、踩线生是宝，潜能生、波动生是恼，中层生不招人烦、不招人厌、没人疼、没人爱，是草。

其实，也恰恰是中层生，最容易成为一鸣惊人的黑马。他们被遗忘，被冷落，却也不用背负过高的期待，不必接受过多的批评，没有过多的限制和束缚，心灵更加自由，他们敢想敢干，他们的努力静悄悄，他们的拼搏快乐多。他们是一群宝藏男孩、宝藏女孩，也是有特点的大群体。所以与其小板块去抓踩线生，不如大面积关注中层生。一匹匹黑马飞奔起来的阵势，抵得上山呼海啸。一个班级，一门学科，只关注少数人，是偷懒小动作；关注全体，面向每个层次、每个人，则是教育大境界。

中层生，不该是"灰色地带"，而应成为"五彩祥云"。教育中，所有的生命个体，都该得到同等的重视和激发。

我班里有两个很好学的中层生，一个是阳阳，一个是原原。他俩在考前都摩拳擦掌，决意打个翻身仗。然而自古英雄多磨折，九年级上学期的期末考试，他俩再次折戟沉沙。

俩孩子都来找我道歉："老师，对不起，没考好。"

我说："不要那么早下结论，还有 100 多天可以努力呢！"

阳阳妈妈说："杨老师，抛开孩子，跟您说说话，就很舒畅。"

很感谢她的信任。家校携手，孩子的成长更有保障。

丽丽是从优秀生滑到中层生的，她抱定逆袭回归的决心，多问多练，结果却把作文写跑题了。在妈妈的引导下，她依然有饱满的学习热情。我悄然关注，暗中助力，给她妈妈打了电话，赠她一本有名师点评的满分作文，母女共读，结合名师点评，具体赏析，深入学习。下一次考试，她回归优秀生行列。

凌志则是又一种情况的中层生。他有时候很认真，有时候小偷懒。那我就不必给他讲大道理，我只需要给他安排具体任务，给予他贴心指导，让他有看得见的希望，摸得着的欢喜。渐渐地，凌志学会了主动学习，升学考试考出了初中三年最好的成绩。

我记录过1995年至今所教过的11届学生。中考时，每一届都有黑马跃出地平线，跃出新高度。我追踪调研，发现这些孩子的成绩并不是昙花一现。他们长大后，读书，工作，为人处世，样样出色。

"给点阳光，我就灿烂。"提升中层生的能力与素养，最好的方法就是给予合适的激发和鼓励，从课堂、从作业、从日常交流着手，小切口，慢推动。

成绩平平的小周同学，不善言谈，跟老师也不算亲近，有一天，他指出我的PPT少了一个字。我赞美他火眼金睛，邀请他担任我的PPT审核员，他真的发现了更多需要优化的细节。每一次我都虚心接受他的监督，采纳他的建议。他因此而建立了存在感和自信心。他妈妈很感动，给我发微信表示感谢。应该是我感谢他们才对，因为是他们证明了我的想法和做法是可行的。

那么，到底怎样把中层生培养成黑马呢？

一是等待。不要凭借一次或几次考试成绩来下定论，中层生起步慢，跑得慢，冲刺狠，他们需要时间；二是合理关注，既不过分疏离，也不过度关注，他们需要自主成长的空间。

（三）让潜能生获得成长乐趣

没有孩子天生或者永远学习困难，所有孩子都有潜能。如果他当下学习困难，我们可以"三步走"。第一步，分析原因。是孩子的习惯不好、兴趣不高，还是教材脱离实际、难度过大，抑或是老师教法不灵、没有全面了解学情？第二步，解决问题。如果是孩子的问题，就把问题指出来，限时改正；如果一时改不了，就视其具体学习能力，分解学习任务，别人一次完成的事情，给他两次、三次机会，降低标准，及时跟进与鼓励。如果是课程太难，老师就要重新备课，因材施教，分解难点，深入浅出，激发兴趣。如果是老师自身缺乏教学经验，忽略了学情，教学方法不够灵动丰富，那就要重建课堂，返场弥补。第三步，认真总结，确定理念。课程、学生、老师，是教育教学的三个维度，三者互相链接，交相辉映，教学中要通盘考虑。孩子的学习出了问题，老师要先思考自己做得够不够：如果是班级没有学习氛围，我们就想办法以强带弱，以强扶弱，营造学习氛围；如果是个体没有学习兴趣，我们就正面激发，让他完成他能达标的小任务，步步推进，步步提升。教育的目的不是批评和打压，而是激发、帮助与托举。若是孩子出错了，可以批评，但不能仅以批评收场，草草了事，而要处理好善后事宜，科学指导，最终要实现学业进步，获得人格成长。

这里举一例。

阿宝是个精神萎靡的孩子，天天在课堂上呼呼大睡。

八年级的一天，他照例睡着了，我照例叫醒他："阿宝哥，醒醒呀！"

他听见我的声音，立即惊慌醒来，红着眼坐直。

他的样子有点滑稽，小伙伴善意地笑起来。我也笑。他看见我们都笑，也跟着笑起来。

我说："阿宝就是这点最好，我不管什么时候叫他，他都能立即醒来。"

小伙伴又善意地笑起来。

他不好意思地辩解："老师，我没睡！"

我哈哈大笑："阿宝哥，眼睛都睡红了呢！你是没睡熟，不是没睡。"

大家笑，他也笑，但那节课他再也没睡过。

有一周，他坐在窗边。某节课，他又睡着了。我路过走廊时恰好看见，同桌叫醒了他。我站在窗外看他，直到他打开书跟着学习我才走开。下课后，我告诉他，他再上课时睡觉我就请他吃饭。他不好意思地笑了。

后来，我请他帮我批改作业，他对照答案，把作业改好，发放，做得特别细心。我奖励了他一个本子，他很开心。

可阿宝到底是个"睡神"，考试的时候，第一场语文他就睡了个天昏地暗，导致试卷大片空白。我虚张声势地吓唬他说："再睡就睡傻了！成绩出来后，不把你打哭，我就不是一个好班主任。"他笑了，他知道我是说着玩的，却也在意与我的交流，第二场数学他超常发挥，考出了不错的成绩。

考前关注胜过事后懊恼。下一次考试，我在考前先跟他谈话，要求他必须答完试卷，哪怕胡蒙乱扯，也不能大面积空题。他记住了，成绩也有了进步。

站在孩子的立场，就不会单纯地只看到他贪睡的现象，而是要寻找他贪睡的根源。我见了他的父母。他的父母已经60多岁了，阿宝是他们晚育的"老儿子"，他们也曾带阿宝看过医生，医生推断说，大概是母亲高龄产子，体力不济，影响到了阿宝的身体素质。我多次长时间观察，感觉阿宝的贪睡，也许真的跟体质有点关系。

但我依然相信阿宝会持续成长。我相信相信的力量。

有一天，我从隔壁班上完课，走出教室门的时候，恰遇阿宝从我们班后门蹿出来，差点撞到我，吓了我一大跳。

我情不自禁地惊呼道："哎哟，我的天哪！"

阿宝不好意思地笑了。我也笑了，继续朝前走。

走出好远，我听见阿宝在我身后惟妙惟肖地模仿我的语气叫起来："哎哟，我的天哪！"

我回过头看他。我俩相视一笑，甚是温馨。

平日里，当阿宝管不住自己，不好好学习的时候，我就叹息道："阿宝，你都没有原来帅了！"

他就羞涩地笑，读一会儿书。看来，他是接受我这种轻松又友好的教育方式的。

每个孩子都是一个丰富的世界。虽然阿宝成绩不好，可他也有趣着呢。

一次，我们开班会《家人多沟通，相处没烦恼》。一个女生说她妈妈不明事理，无法沟通，她叹息道："唉，怎么办呢？又不能跟她打一架。"

阿宝立即回应说："你和你妈打一架，看看你爸帮谁！"

大家哄堂大笑。

对于屡犯错误的孩子，记住他的可爱，保护他的尊严，他是有可能进步的；相反，若把他看得一无是处，只给差评，他可能就破罐破摔，表现得更差。

九年级的初秋，教室里来了27位台湾朋友，听我们上《醉翁亭记》。我点了阿宝朗读课文。这可是给他出难题了，语文本来就是他的弱项，文言文则更令他一头雾水。他可怎么办？

我在两岸交流这样郑重的场合点他，在很多人看来，是一种冒险，因为他一旦"砸锅"，我们就丢人丢到海峡对岸去了。

我不怕。我不是让阿宝展示才华，而是希望他参与学习。我信任他，也不怕他在这样特殊的场合"掉链子"。"掉链子"是孩子的权利，或许正是"掉链子"，才会让课堂变得丰富有趣。孩子们长大后，津津乐道的，多是当初的"高光时刻"和"掉链子事件"。

我点到阿宝名字的时候，孩子们瞪大眼睛惊慌地看着我。课后，孩子们告诉我，他们以为我不小心说错了人名，都为我捏了一把汗。

阿宝很尽力，居然读得比较流畅，但他过于关注字音的精准，读不出韵味与情感。我们都知道，这是他的最高水平了。神奇的是，他居然是第一轮所有朗读者中唯一没有读错字的。市委台办、市区教育局、学校的很多领导在场，孩子们有点紧张，阿宝不紧张，他很松弛。他读完，同学们情不自禁地鼓掌，听课的台湾朋友、领导和老师也热情鼓掌。阿宝满脸笑容，神采飞扬。

我过去两年对他的成长束手无策，这一次，在场的所有人都鼓励他，他获得巨大的成就感，有了成长动力。

大概就是这样，孩子不够好的时候，不要说什么"我不要你了""不想上学就别来"，不要把他们推到对立面上，而是要把他们拉到我们身边来，靠近他们，相信他们。鲁迅先生说："辱骂和恐吓决不是战斗"。苏霍姆林斯基说："一个好的教师，是一个懂得心理学和教育学的人。""善于鼓舞学生，是教育中最宝贵的经验。"这些都值得我们铭记于心。

不久之后的期中考试，作文题目是"微笑"，阿宝哥开篇这样写：

她是一个和别人不一样的人。她已经五十多岁了，可是，她看起来一点都不像年过半百的老太太，尤其是她那富有魅力的微笑，总让人觉得她是和我们一样大的孩子，又给人无限力量。每当遇到困难，我总会想起她的微笑，便鼓足了劲往前冲。

事后，阅卷老师告诉我，她被阿宝的文章打动了。我想，他的文章关键不在于文字的生动，而在于文字背后的真情实感。在两年多的时间里，我持续表达对他的信心，建立起了一种和谐稳定的师生关系。所以，当他一看到"微笑"这个作文题目，自然而然就想到了我，想到了我标志性的微笑，想到我多次用微笑鼓舞过他，所以，他就言之有物了。这是我笑着做班主任的意外收获。

然而，并不是所有学困生都像阿宝这样生动有趣。也有孩子想得多，做得少，精神内耗比较严重。我曾收到过这样一封来信：

杨老师：

您好！我是某某学校的九年级学生。我的学习成绩一直上不去，心情总也不快乐。我想，归结起来，有以下几个原因：第一，我很容易情绪化，情绪好时，学习成绩就能提高；情绪不好时，学习成绩就一落千丈。第二，我不善言谈，说话也有点结巴，一会儿说方言，一会儿说普通话，朋友、家人、老师都批评我，我就变得更加不爱说话，把很多心事压在心底，有时候会觉得很郁闷。第三，我在八年级上学期自荐当了班长，本来老师不信任我，因为我是"差生"，可后来很多事都证明我是一个出色的班长，老师却从不表扬我，现在我也不想干了。我想不通的是，为什么会这样呢？请问我该怎么办呢？

一个苦恼的人　星

我回复：

星同学：

你好！我也教过你这样的孩子，对你没有丝毫的陌生感，而你的字里行间也透着对我最朴素的信任，谢谢。被人信任是快乐的，自觉自愿地关怀别人，我更是快乐的。我还愿意告诉你，快乐其实很简单，它只是你本人的内心感受，其他人都可以分享你的快乐，但没有权力也没有能力拿走你的快乐。

从来信看，你是一个有自省意识、有归纳能力、有忍耐力、有工作方法的孩子，你不应该把自己归到"差生"的行列。只是，也许是太过自卑，也许是太在意别人对你的评价，你在自我认知上还存在着理想自我和现实自我之间的矛盾，在学习和生活上还有压力和焦虑——当然，这些都是可以改善的，让我们一起来想想办法吧。

我们先说你的情绪化。情绪化的人，大多有丰富的内心。不过，我们应该对情绪有良性调节，比如你在学习上的情绪化就需要调节，因为它直接影响了你的成长。我知道你学习成绩不够好，这并不可怕，你不妨在现有的基础上，给自己制订一个提高成绩的计划，计划要具体，要细致，比如什么时候学习哪门功课，哪门功课在什么时间想要达到什么程度。目标不要过高，过高了达不到，又会对你的情绪产生消极影响。下次考试比这次考试总成绩提高15～20分，就是一个很不错的计划，当你完成了预期目标，一定会有成就感的。有成就感的人，当然就不会对学习忽冷忽热。更重要的，每次进步一点点，不断进步，良性循环，你对学习会越来越有兴趣，学习时的心情都会越来越轻松、愉悦。你也说过，情绪好时，成绩会提高。戴尔·卡耐基说过："学习的方程式是从态度开始的。"请你想一想，当你心中持续充满对学习的热忱和渴望时，你还会为学习成绩上不去发愁吗？

我们再来看你的第二个问题。你说自己有点结巴，这让我想起一个智者的话："结巴的人都是天才，天才说话，思想们太活跃，争先恐后往外挤，这样一来，不知道先说哪一个，天才就结巴了。"我也教过结巴的孩子，也真的发现他们都是有思想的人，我把智者的话告诉他们，并和他们一块儿练习语言表达。如今你我相距甚远，我无法陪你练习语言表达，但我同样愿意把智者的话送给你，与你共勉。至于你一会儿说方言，一会儿说普通话，这没有什么大不了的，大概是因为你有点自卑，太多地关注到自己结巴，说话时过于谨慎，再加上他人的负面评价，让你更加没有信心。你一定喜欢一些喜剧明星吧？不知你发现没有，他们说的方言反而会增添喜剧效果，被大家所模仿，甚至在不知不觉间变成调侃别人时的口头禅。当然，并不是每个人都具有他们那样的语言天赋、幽默细胞、艺术感染力，国家还是大力提倡公民使用全国通用的普通话的，因此，建议你在"听"和"读"上下功夫，多听听广播、电视、网络播音员的播音，跟着他们学一学，同时自己也找来一些美文，大声地朗读，读不准的字词，就查字典，注上拼音，再读，一遍不行，就来两遍、三遍……坚持下来，你不仅会惊喜地发现自己普通话水平提高了，还会发现自己的朗读能力、理解能力、写作能力都进一步提升了，而且你的意志也在悄然无声中得到了磨炼，你的心胸也变得开阔。再揽镜自照，你已不见往日心事重重的自己，你看见的将是满面春风、明眸皓齿的青春少年！因为，努力让你神采飞扬！孩子，掠夺了你的快乐的，其实是你自己的自卑与内耗。埃莉诺·罗斯福说过："未经你的同意，没人能让你自卑。"

让我感到欣慰的是，你已不再把很多心事压在心底，而是敢于敞开心扉，给老师写信，说明你也渴望与人交流，当真诚的文字在你我之间无声地流动，你是不是也像我一样快乐呢？

我们来谈你最后一个问题。毛遂自荐做了一个出色的班长，足以说明你具备很强的组织能力和管理能力，说明你有强烈的责任心和集体荣誉感，这一点应该最容易帮你认识自己、喜欢自己。你是一个多么可爱的孩子啊，以后不会再随意地往自己身上贴上"差生"的标签了吧？至于老师没有表扬你，那一定是他（她）工作太忙或者事情太多，还没有来得及，因为所有的老师都会为学生的成长而高兴。只是，班长干得好好的，为什么就不想再干了呢？一个愿意为集体做事的人，不仅锻炼了自己的能力，也一定会在工作中感受到奉献的快乐。这样简单而纯粹的快乐，为什么不让它长久地持续下去呢？

杨老师

精神内耗非常耽误学习，遇到这样的孩子，我们就坐下来跟他们好好谈一谈吧。

潜能生最需要的，并不是老师全力以赴、不眠不休的教育。他们落下的东西太多，最怕被老师揪住不放，他们的恐惧与抵触，会导致老师的手劲越大，他们心气儿越高，失望就越深。与其端着治病救人的架子，不如给他们营造一个合理期待、平等友善的成长环境，让他们顺带着向前走——"顺"即顺势而为，"带"即捎带，方式不固定，不是大张旗鼓，不是斗志昂扬，而是要润物无声，顺其自然，自然而然，针对每个人的特点，量体裁衣，因材施教。带不动这样的学生，也不要烦躁，换一种方式再带；还带不动，就等一等。也许在不经意间，同学们拉拉扯扯，就把他们带进了学习氛围，他们就有了进步。如果同学们也拉不动，扯不上，那就继续等，别对他们厌烦，别让自己苦恼。

不要奢望他们的进步有多大，反而要从细微处看到他们点点滴滴的成长，予以具体肯定，比如："今天作业不错，尤其第二题，合并同类项的方法很好！"这句话，可能就是一盏灯，照亮他们前行的路。他们之所以成绩差些，很大可能就是缺乏毅力，不能持续努力，而这根源，可能来自家庭教育的方法和态度。有些家长自身就是这样的人，意气风发，起步高，韧劲小，努力了两天，发现孩子没进步，就失去信心，认为孩子"不是学习这块料"，放弃了；也有的家长自顾不暇，更别提家庭教育；还有的家长，管不住自己，不能成为孩子的精神导师。这样的情况，即便学校力量跟家庭力量展开拉锯战，也很难扭转。要知道，根深蒂固的观念，很难扳倒。

既如此，那还战吗？战啊！方法如下：

第一，打造优秀者共同体，让他们凝聚在一起，正班风，正学风，营造积极向上的氛围和情境，影响和带动其他同学。不要期望太高，毕竟教育不是万能的，我们帮不了所有人。如果仅锁定不交作业、不听课的同学，即便我们奋不顾身，精力耗尽，也不能遏制住他们后退的步伐。第二，要有大局观、集体观。不能以偏概全无原则地给所有人降低学习难度，这会矮化优秀生的精神追求，窄化中等生的成长视野，造成更多人所学不多，营养不良，不提劲儿。科学判断，理性分析，适度降低对潜能生的要求，对他们是大有裨益的。一言以蔽之，对潜能生，不歧视，不打击，不拔苗助长，尊重他们、带动他们，去理想化，我们就是好的班主任。教育要有层次性和针对性，每个孩子各取所需，各尽所能，各发其力，便好。

（四）学生犯错，保护尊严最管用

有一天，一个孩子偷偷从我办公桌上拿走自己写得不好的作文，我毫不知情，找他的作文本找了好久都没有找到。这影响了我批改作业，我很生气。下课后我走进办公室，一眼看见他正在帮另一个老师修电脑，他平时喜欢钻研电脑维修方面的事，能够排除一般性故障。老师们的电脑罢工了，都找他修。那天看见他，我不由分说，一个箭步冲上去将他一顿"爆吵"。他一下子就紧张得不会打字了。我恍然大悟，孩子被吵之后，胆子会变小，脑子会变笨，尊严感会降低。事后我多次反思、自省，在班级建设中，尽量少批评，多鼓励。孩子犯了错，多以平和方式来解决，效果很不错。

有一次，我叫两个男生同时上台听写，其中一个有一题不会写，他转身到讲桌上把手里的粉笔忿忿地扔到粉笔盒，自言自语道："什么鬼！"

他换了一根粉笔——与此同时，他伸长脖子，眼睛瞟向同伴的答案，可是，他不能久留，他只能看一眼。做贼心虚，慌乱仓促之间，他什么都没看清楚。

那一题，他还是不会。

我忍俊不禁，却假装什么都没有发生。日常处理问题，我力求不让孩子难堪，但这事儿也不能姑息迁就。于是，集体批改板书的时候，我学他引颈偷看的样子。大家笑了，他也笑了。后来，再听写时就不再有人抄袭。笑着行动，大家受益。

这又让我想起多年以前的某个春天，我大病初愈，身体虚弱，爬楼梯到四楼上课，每一层楼梯的转角处都要停下来气喘吁吁好半天。孩子们心疼我，有几个男生每天争先恐后帮我拎包、提电脑。

一天下班回到家，我发现钱包以及其中的身份证和700元现金不见了。

我确定东西是丢在学校里了，更确切地说，是丢在教室里了，因为那一天我没有带办公室钥匙，一整天都在教室里。

第二天早上，我跟孩子们说了丢失钱包的事。

我说："我请大家和我一起破个案。"

孩子们很认真地帮我分析，认定是班上某个同学一念之差拿了我的钱包。

他们每天都要侦查分析一番，每天都要询问我"案件"的进展，似乎每个人都成了福尔摩斯。

两天过去了，班长和副班长悄悄告诉我了一个嫌疑人的名字。他们的理由是：1. 那个孩子原本是个上课专心的优秀生，可他现在上课时眼神飘忽不定，一副心事重重的样子；2. 他每天都要逐一询问几个重要"破案者"是不是看出点什么蛛丝马迹，却又神情慌乱，一副很心虚的样子；3. 他最近出手阔绰，花钱很厉害，买游戏装备花了400多元钱，但他的家境并不富裕，爸妈舍不得给他这么多钱。

对于他俩的推测，我未置可否，我不想扩大这件事的影响，但我内心是认同他们的分析的。孩子毕竟是孩子，没有什么城府，很容易被看出端倪，那个孩子的种种怪异迹象令人生疑。

那个孩子是骑自行车上下学的。我和两位班长商议决定，放学后也骑自行车跟踪观察。

我们在一间豪华的网吧里"抓获"了他。他果然是在我丢钱以后置买了400多元钱的装备。

他如实供述了事件全过程，原来是他在帮我拎包的时候，发现了我的钱包，头脑一热，拿走了它。钱包是证据，他没敢留下，扔到了垃圾桶里；身份证对我来说有用，他想还给我，但又怕露馅儿，也扔到了垃圾桶里；700元钱，他买装备花了400多，还有不到300元钱放在枕头下面没敢带到学校。

网吧离他家不远。我跟两位班长说："咱仨送他回家，我去做个家访，顺便拿回剩下的钱。"

他很害怕，求我不要跟他家长说这事儿。

我严肃地批评他："这会儿你知道怕了！伸手那会儿怎么不想后果！"

他哭着恳求我不要告诉他父母。

我后退了一步，但依然很严肃："带我们去你家！看你表现再说！"

夜色里，他家里没有开灯，也没有人。他爸爸妈妈和姐姐是辛苦的打工人，都还没有下班。

家里凌乱不堪，唯一整洁的地方是他的书桌。

他告诉我，家里正在筹办姐姐的婚事，三个大人都忙得焦头烂额，没有人理会他。

我的心软了下来。一个书桌整洁的孩子，一定能"救"回来；每一个惹人生厌的孩子背后，都藏着一个重要原因——缺爱。

我不再训斥他，而是温和地跟他交谈。他说，有一次他在放学路上偶遇了一个小学同学，那个同学带他去网吧打游戏，对方大几千的装备让他羡慕不已，但他没有钱，爸妈和姐姐谁都不会给他钱让他玩游戏。他在帮我拎包的时候发现了我的钱包，犹豫了一下，还是下手了。

我最信任的学生，拿了我的钱，扔了我的钱包和身份证，这着实令我气愤！可是，我又能怎么样呢？告诉家长吧，家长终日劳作，自顾不暇；再说，他家里正在筹备姐姐的婚礼，我劈头告状，除了让他一家人抓狂，实在没别的意义。

他从枕头底下取出剩下的钱还给我。

我心底生出一种温暖的想法："走，我带你们吃饭去！"

餐桌不训人，和谐温馨地吃完饭，我对那个孩子说："我相信你以后会把手洗得干干净净！但这还不够，想要挽回自己的尊严，你需要净化自己，咱俩约定两件事：一是每周至少为班级或他人做两件好事；二是专心学习，从前十名进步到前五名。"

他诚惶诚恐，点头答应。

我们仨把他送回家。一桩"大案"圆满告破，我们感觉身轻如燕。

班长问我："老师，您真不跟他家长说这事儿了？这样是不是太便宜了他？您就不怕他再……"

我语重心长地说："孩子，给他爱、信任和期待，保护他的尊严，是比通知他父母更好的教育方法。你们瞧好儿吧！"

我向全班同学交代："大家不要再挂念我丢失的钱物了，问题已经解决。也请大家不要随意猜测、传播相关事情。这位一时迷失了自己的同学，一定会因为大家的宽容而修正自己。坏事能变成好事，让我们拭目以待。"

后来他真的发展得很好。我是一个爱写作的老师，喜欢记录生活中的点点滴滴，但这件事我直到今天才写，是因为我要避免当时写出来孩子们对号入座，猜出是他。

如今他已长大，跟我来往不多。我理解他。毕竟这样的交往，需要强大的心理素质。

前年教师节，他发来问候："恩师，祝您节日快乐，永远快乐！"

言辞节俭，也无新意，但我知道，这不是复制粘贴的机械化问候，而是发自内心的祝福。

那次的特殊经历,是他,也是我和两个班长人生中的重要一课。

孩子犯错,就好比生了病,是"刮骨疗毒"下猛药,还是"保守治疗",要根据具体情况而定。不管选择哪一种方式,其目的都应该是保护人的尊严,促进人的成长。

我们不培养言听计从的乖小孩。班主任最不该怕的,就是孩子犯错。而处理孩子的错误,心态平和最重要。

(五)另类学生更需要爱和理解

一天晚上,某地七年级班主任 Q 老师来电话,讲述了班里一个女生的八件事:

1. 这个女生学习成绩不错,小学时是班长。初中入校军训,她被评为标兵。学校要求每人都写获奖感言,她偏不写。Q 老师跟她谈话,问她为什么不写,她回答说自己不会写,还说一个军训标兵没什么值得高兴的。

2. 学校要求短发,她头发很长,已经及腰,让她剪,她不肯。跟她谈心,告诉她长发耗费营养,她不听,也不领情。

3. 她英语课迟到,英语老师让她用英语喊报告,她偏不喊,还哭成泪人儿。

4. 学校组织歌咏比赛,要找一个领唱,她主动请缨,Q 老师让她唱一段给自己听,她唱得确实不错,Q 老师表扬她,她面无表情。

5. 她在作文里写初中生活好黑暗。Q 老师在下午放学后找她谈话,问她为什么这么多负能量,她指着窗外敷衍地说:"老师您看外面,不黑暗吗?"

6. 班里举行班干部竞选活动,她参加了,得票数不低。

7. 任课老师都在抱怨这个女孩不乖,心理有问题。国庆长假前一天放学,Q 老师又找她谈话,她说:"老师,您能不能快一点?我要回家写作业。我今天一晚上要写完七天的作业,后面的时间我要做自己的事。我的事可多了!"

8. 她的家长实在是指望不上。爸爸在她上四年级那年大病不起,直到现在不见好转；妈妈在酒店上班，每天回家很晚，根本没有时间管她，她终日生活在午托部。Q老师曾把她妈妈请到学校，她妈妈一脸无奈地说："老师，我上有老下有小，中间那个又躺倒，工作又忙又累，管不了她啊！"

Q老师讲述的时候，语气平和，娓娓道来，却又透出焦虑与担忧，他叹息道："我现在就在想两件事。第一件是她国庆长假要一个晚上写完所有作业，这作业得写成什么样？她说她有很多事要做，她到底要做什么？第二件是我到底要不要让她当班干部。让她当吧，怕她一身负能量把班风带坏；不让她当的话，我理由也很充分，我就跟她说，她问题多，不能起到带头作用……"

我说："难得您一片苦心，国庆放假也对学生的作业念念不忘。可是，国庆节，举国欢腾，本就不该布置太多作业。爱玩是孩子的天性，即便布置作业，也别指望假期作业的质量有多高，学校教育能抓住在校时间就已经很难了。至于她说有很多事要做，她到底要做什么，何须操心那么多！"

他说："唉，还是要了解学生，走进心灵。我就怕她破罐破摔啊！"

我说："走进心灵的目的是了解学生所需，给予合适的帮助，不是阻止学生做她喜欢的事情。我们为什么总是居高临下，好为人师，而不能留给孩子一些成长空间呢？成长的弯路，需要他们自己去走；纠结、迷茫、叛逆，需要他们自己去体验。我们要做的，就是陪伴在侧，不离不弃。这说的是第一件事。关于第二件事，我就想问，她竞选班干部，名正言顺，民意支持率高，凭啥剥夺人家当选的权利？是因为她不服管？您所说的她不能起带头作用，其实就是她不服管。我可以确定，您如果违背民意，不让她担任班干部，以后您和任课老师对她的负面评论会更多，这才开学一个月，你们就已经给了她'负七条'——您上面列举的八条中，只有她参加竞选这一条不是负面评价。如此下去，她怎么在这个班待下去？仅凭那么多老师的眼睛与口舌，就能把一个孩子弄得千疮百孔，她不破罐破摔才怪呢！根本不用担心她把班风带坏，一己之力抵不上全班合力。再说，教育就是生活，一天一天过日子，随时都有扭转局面的可能。她刚入初中就被边缘化，这样不人文吧？给予一个孩子信任，比剥夺她的权利好太多了。我再说三点。第一，给予孩子成长的空间。过犹不及，你们把孩子看管太紧，只考虑学校要求，没探究孩子不服管的根源。对了，学校为什么要求女生必须短发？这是不是管得有点宽？这个孩子多可怜啊，才12岁，甚至追溯到更早的小学四年级，才10岁，天降意外，爸爸病倒，妈妈忙于养家糊口，本该是撒娇卖萌的年纪，却从此再也没有人关照她，没有人安抚她，没有人怜惜她，甚至没有人多看她一眼，她的头发已经及腰，竟然没有大人指导她打理、修剪。午托部成了她的栖身之所。她渴望引起人的注意，所以才行为反常，才看似冷若冰霜、自以为是，其实她是多么热切盼望得到宽容和理解，得到肯定与褒奖！每一个反常的孩子背后，都有小小年纪不该承受的辛酸，都有着我们所不知道的苦楚。逆反背后的渊源，才是教育者要了解和挖掘的。对于这样的孩子，给予她同情与关怀，比要求与期待更管用。别指望她一下子变得如您所愿，要从点点滴滴中发现她的进步，也增强你的信心和信念。您善待过她，您就是最好的老师。第二，如果不是万不得已，不要再请她妈妈来学校。您想啊，一个青年女性，本该是袅袅婷婷，面若桃花，享受着丈夫疼爱的时候，却遭到沉重打击，独自承担生活的重压。这个妈妈还是很厉害的，您看她，说话押韵，善于自嘲：'上有老下有小，中间那个又躺倒'——她的日子，难过啊！别再拿孩子的事来为难她了，尽管她有这个责任，可她承担不起了！孩子在家中表现一定不会比在学校好，她的孩子啥样她心里清楚。她若有好方法是会用上的；她若没有好方法，您请她来，除了增加她的负担和您的不愉快，别无用处。第三，我建议，你们不要再把这个学生当作'问题孩子'。她的家庭决定了她的问题太难解决。你们就拿出强大的悲悯情怀，来把她当亲人对待，降低要求，理解原谅。爱是最好的教育，或许，被无条件爱着的孩子，会心有触动，慢慢向好。这个孩子学习成绩不错，小学时当过班长，说明学习能力、管理能力都是有的，若是她的长处被保护，得到发展，没准儿是个人才呢！我曾有一个学生，跟她情况很类似，也是爸爸重病，妈妈劳碌，孩子超级逆反，甚至交往不良，夜不归宿，但后来在爱的感召下慢慢回归，成了一个有爱心、懂担当的优秀生，以前十名的成绩考上高中。山重水复疑无路，柳暗花明又一村，是教育的又一境界。"

Q老师叹息一声："我试试！"

希望他和他的伙伴有足够的耐心帮助孩子。

世界是丰富多彩的，孩子也是各具特色的。我的学生中，也有几位比较另类的，与他们相处，颇受考验，也颇受启迪。下面写写他们的故事。

1. 桀骜不驯的女生。

七年级时，她每天化妆，血红的嘴唇尤为刺眼，有时上课她也描眉画眼。我悄悄告诉她，这会伤害她的皮肤，她尚且年少，不适宜使用含有化学成分的化妆品。她不辩驳，也不采纳，只是我行我素。她不爱学习，性格也叛逆，时不时跟爸爸妈妈干一场，跟老师吵一架。万般无奈，我只好放慢脚步，也不再催促她奔跑。

等了一个学年，八年级上学期她依然故我，没有丝毫改观。我提醒自己，莫急，莫生气，或许火候不到吧！

八年级下学期，她时常会擦掉脂粉与口红，素颜朝天。我暗自窃喜，自信是一个女孩最好的化妆品。期中考试，她考进了前五名！

有一天，学到"相形见绌"这个词，她突然惊叫："怎么不在期中考试前学到？考试时我做错了！"

这是一个多么温暖的瞬间！她真的是在学习了！

后来的几天，我走在上班下班的路上，都会情不自禁地想到这一幕，打心眼里为她感到高兴。

一天中午，我外出办事，在巷子口遇见她提前来上学。对视的刹那，双方都春风满面。我陪着她，走过一片花海，并没有多说话。我像爱其他同学一样爱她，她一定也知道。对于我来说，过去曾为她而受过的委屈，消耗的心血，在这条小巷，也都化作了慰藉。

又一天，春雨淅沥，我去门卫室取快递，恰好遇见她，她说："老师，我帮您取！"她在雨中奔跑，帮我把快递取来。这个曾经像刺猬一样的女孩儿，正在一根一根褪掉芒刺。

还有一天，起了沙尘暴，放学路上，她走在我后面。看见我，她一边叫我，一边欢快地追上来。

我们一起走了一段路。

我问她："坐公交车回家吗？"

她说："爸爸在马路对面接。"

我说："有爸爸接真好！我连爸爸都没有了，你比我幸福。"

她不说话。

我继续说："人啊，一定要珍惜与父母的情分，父母是最爱孩子的，虽然他们不一定懂得孩子，与爸爸妈妈有意见分歧时，不要互相伤害，要主动沟通。"

她依然沉默不语。

过了马路，我们要兵分两路了。

她忽然说："老师，我和爸爸送您回家！"

我说："不用，去找爸爸吧，他一定等你好久了。"

我看着她朝爸爸走去。和爸爸妈妈和解，她有力量变得更好。

九年级时，她不再化妆——她原本是一个眼眸如星、皮肤白皙的女孩，褪去了浓妆，她真的是太漂亮，太有青春的朝气了。后来，她考上了心仪的高中。她小小年纪就迷上化妆，也许是想变得更美，也许是不够自信，没有安全感，我不盯守，不厌烦，给她成长空间，她也一步一步地成长了起来。

我有一位摄影师朋友，他 14 岁的儿子痴迷武侠小说，每天放学回家，不写作业，而是锁上房门如饥似渴地读武侠小说。我朋友忍无可忍，气急败坏地拆掉了儿子的房门。儿子更逆反了。他拆掉了房门，他儿子关上了心门。

青春期教育，硬碰硬是大忌，"疏"比"堵"好用。其实他可以"投其所好"，为孩子开办武侠小说家庭读书会，寒暑假鼓励孩子创作武侠小说，利用他的摄影才华拍照留念，说不定能培养出又一个金庸、古龙、温瑞安、梁羽生呢！当然，这只是我的想法，孩子吃不吃这一套，爸爸有没有这份胸怀和耐心，都未可知。

我常常想，我的这个爱化妆的另类学生能够向好发展，是我的运气好。很多孩子，我们真的束手无策。那么，如果我陪伴了她三年，她依然不能转变，我会怀疑自己的能力吗？当然不会。我始终相信，耐心等待，是对青春期叛逆孩子的最好教育方法，非人力所能为的事情，就交给时间吧。

2. 一说话就哭的女生。

她是表面安静、内心火热的女孩，常常情不自禁地流泪，就像我会情不自禁地笑。

那天抽签抽到她赏析美文，一句话足够，她准备了一页。可是，她并不是侃侃而谈，而是欲语泪先流。大家都莫名其妙地看着她。她含笑带泪，不能自已。我只好让她坐下。

下课，她带着自己精心准备的一页赏析文字来找我："老师，不知怎的，我就是怕，怕在大庭广众之下说话，一说话我就会哭，我控制不住自己。从小到大都是这样，一点办法都没有。"

说着说着她又梨花带雨了。这是一个多么有趣的姑娘啊！她有公众场合畏惧心，她需要突破自己，才能与世界更和谐地相处。

我与她并肩站着，听她一边哭，一边滔滔不绝。适当的时候，我就插播点评。她渐渐停止哭泣，变得口齿伶俐了。

这件事对她影响颇深。晚上回家她跟妈妈说起来，又哭了一场。

她有软肋，也有盔甲。我知道，她需要倾诉，需要信任，需要陪伴。每一次她需要时，我都在。我没有教导她，也没有督促她。但我会当众欣赏她，我的欣赏点很具体，比如她的一幅好画，她的一篇好文，她的一次好创意，我都会给予诚恳点评。教育，藏在爱的背后。

渐渐地，提问她时，她不再哭泣。她克服了对集体场合的畏惧感，蜕变为新的自己。期中考试，她考了班级前三名。这不是评价她进步的标准，14岁不哭才是。

3. 思维异于常人的男生。

比如，在作文《春天的故事》里，他写："老师，您一定以为春天是欣欣向荣的季节，是成长的季节，我不这样看，我以为秋天才是这样。秋天是一个学年的开始，我们升了一级，茁壮成长，生命拔节，下面，我写一个秋天的故事……"

我心里满是谢意。是他用文字告诉我，每个孩子都有属于自己的视角，我不能以"跑题"来评判他的写作能力。

我对他说："孩子，你的思维很奇妙，正如唐朝刘禹锡的诗句'自古逢秋悲寂寥，我言秋日胜春朝'，尽出新意，富含哲理。但这是命题作文，还是得据题而写，至于你对秋天的独特感受，可以先积攒着，等到合适的时候也写进作文。好思想，就如美酒，沉淀愈久愈芳香。不要放过任何独特的心灵体验。就像这次，春天和秋天各有故事，两者可以相互映衬，但不要随意置换。"

这样的交流有很多次。我不是要扭转他，而是要帮助他建立更科学合理的认知。慢慢地，他保持了新奇的思维，改变了怪诞的想法，成了一个富有个性的少年。

4. 迟钝的优秀生。

他学习和做事都极为投入，过程中却常常表现出迟钝与呆萌。孩子的成长不是一蹴而就的，而要慢慢培育。我常常以为他就是教材，教育我们这些老师，收起戾气，耐心等待。他是班里年龄最小的学生，八年级就在读像砖头一样厚的《西方哲学史》。

孩子们问我："老师，他读得懂吗？"

我说："相信他读得懂，因为无论是哲学还是哲学史，都蕴含在日复一日的生活之中。再说，就算读不懂又如何？求知的欲望，会令求知的过程趣味无穷。"

他以饱满的热情在读，书皮已经被他翻得重度磨损。这让我想起杜甫的诗句："读书破万卷，下笔如有神。"

他读这书是有用的。七年级时，他喜欢上了班里一个美丽文静的女孩，给对方写了诗，却又不敢直接给她，就请同学帮忙转交。女孩看过他写的诗，又沿原路返还，委婉地拒绝了他。他喜欢女孩，却又得不到相应的回复，但他不怪对方，只是在上课的时候挪动椅子，默默坐在女孩旁边的走道上。他告诉小伙伴，他坚持的是柏拉图式的精神恋爱，只要坐在她身边，就很满足，很愉快了。

他有趣儿，童真，也懵懂，他的思想极为自由，敢做别人不敢做的事。课间，他有时自己和自己玩，有时和极少的好朋友玩，有时自己读书，周围肆意喧闹，他丝毫不受影响。

他胆子小。写了好作文，也从来不敢在大庭广众之下宣读。他们刚上初中半个月的时候，有个省级名师班来我们班跟岗研修。我上了一节作文点评课，其中有个环节是他宣读作文。他走上台，来了个"徐庶进曹营——一言不发"，大伙儿都替他着急，我尊重了他的选择，让他先到台下落座。

下课后我与他沟通，问他为啥在课堂上冷场。

他说："自己读自己的作文，多丢人啊，我不敢！"

嘿，他这什么逻辑啊！他的世界我真的不懂。

但我允许这样的个性存在。此后每次作文点评，若他的作文是范文，我便事先征求他意见。他从来不愿意上台读作文。有时为了防止我提问他，他悄悄把作文纸撕得七零八落，然后从容不迫地告诉我，作文没有了！他因此被唤作"撕本哥"。

他有超越同龄人的观察能力、领悟能力与文字表达能力。他的文字相当深刻，为了保住他的优质作文，我不再让他上台读作文。但好作品总需要分享，我就事先征得他的同意，找同学代他读。

我常常对他爱莫能助，却始终尊重他、保护他。他是我教学生涯中的新挑战、新机遇。

他胆子也大。遇到难题，全班没有一个人可以解决时，他无声而又坚定地举起手。不管对错，他都吐字清晰。或许是因为平时话太少，他的声线有点特别，笔直笔直的，没有弧度，听起来很费力的样子，但他始终一丝不苟。听他说话，我总是很感动。

一次长假过后,他没有交作业。我问他,他不辩驳,不推卸,态度明朗:"我交不上!"

我说:"孩子,你不能总是这样拖欠作业啊。终有一天,你会主动写一篇长文,题目叫'我的恩师杨卫平',结尾是这样的:亲爱的老师,我欠您的,太多,太多,太多了!"

孩子们哈哈大笑,模仿我的语气说:"亲爱的老师,我欠您的,太多,太多,太多了!"

又是一阵哄堂大笑,他也笑。我知道,终有一天,他会把作业交来。因为他看出来了,我这样不批评,不责备,却把友善的幽默逗乐变成了强大的催交作业的武器。我没有声色俱厉地惩罚,也没有置之不理,不管不问,听之任之;也没有通知家长,联手施压。我只是在谈笑间拉来了一批同盟军,让他腹背受敌,束手就擒。

或许有人会问:"倘若他还是不交作业,你怎么办?"

"总有理的人不温暖。"那我就时不时把逗乐的那句话拿出来说一遍,并且穷追不舍,直到他发现我不是在逗乐,而是在保护他的尊严。

我知道这很费时间,很费精力。但我不做别样选择。"我心温柔,自有力量。"我关注的是细节育人。

细节就是故事。故事还在继续。早晨一进教室,他就赶紧翻书包。我窃喜,这是要来交作业的节奏呀!

果然,他把作业交给我。我下课后迅速看了看他的作文。文章能够画龙点睛,但细节描写单薄,内涵挖掘不够。我坐在他身边,跟他交流,让他再改一改,下午放学前交。他答应了。我下午全心全意地等他。可是,一直到放学,他也没有交来作文。

于是,放学后,我请他到办公室交流。

谈到某个细节描写,我说:"这里可以用个比喻句来形容。"

他坚定地摇头说:"俗。"

我笑:"哲学家,你书读得不少,但并不能真正理解、吸纳、学以致用。普通的生活、微小的细节里,都蕴含着无穷的哲理,自然值得一写咯。你这分明是眼高手低嘛。"

他用惊奇的眼神看着我。

我知道我们还要继续交谈,就打电话告知他爸爸,我带他共进晚餐。

他极少说话,一开口,便是满口哲学意味,比如,他的口头禅是"相对""准确地说"——

我问:"晚上爸爸妈妈回家做饭?"

他答:"准确地说,是爸爸回家做饭,妈妈做生意,收工相对较晚。爸爸8点多才回去。"

我问:"你和妹妹都饿着?"

他答:"准确地说,是我饿着,妹妹的学校晚上9点半才放学。"

等餐的时候,他坐在我对面,并不说话。坐着坐着便觉无趣,于是趴在桌子上,双目微闭,自得其乐。

餐后,我送他回家。

我说:"哲学家,与你共餐,我很开心哦!"

他说:"我应该也是。我对自己的情绪把握不准,但我想,今天是开心的。"

第二天,他交来了一篇质量上乘的作文,有骨架,有经络,有血肉,丰满而立体。

他告诉我:"我为写这篇文章用时四个小时,心里怎么想我就怎么写,一下子就写这么多,今天是相对开心的!"

我也是开心的,一是一向寡言的他主动交流,二是快乐着他的快乐。

有一个星期天,他打电话给我,第一句话便是:"喂,您是谁?叫什么名字?"

我听出他的声音,忍不住大笑:"有没有搞错?是你给我打电话,不是我打给你,怎么可以问我是谁?"

他从容应对:"我只是确认一下嘛,怕打错电话了。"

后来，我需要增加一名课代表，同学们一致推选他。我征询他的意见，他微微一笑："我愿意！"

有一个夜晚，我做了一个梦，梦见他长成了帅气挺拔的青年，我们师生俩各出了一本新书，一起签售。读者队伍好长啊，蜿蜒曲折，宛如长龙。我们手都签酸了，可是，根本停不下来。

我把这个梦境告诉他："我的理想就是咱师生俩同时签售，不知道理想能不能变为现实。"

他只说了一个字："能！"

我真的相信，会有那么一天的。他现在已经在读大三了，这一天为期不远咯！

5. 外表冷漠、内心最渴望被爱的女生。

她玩世不恭，独往独来，用锋利的刺扎疼包括我在内的所有人。大家对她都避之唯恐不及。

凭经验，我知道，这样的孩子是缺乏安全感的。她是孤独的纸老虎。

但是，纸老虎也是虚张声势的，是自以为是的，是桀骜不驯的。我尝试过很多种方法，比如倾诉我对她的忧虑与关怀，比如把自己最爱的书奖励给她，她也不过是当时感动一会儿，过后依然故我。我始终找不着一个好的教育方法。

一天，她的同桌、我的课代表生病请假了，我请她帮忙收发作业，帮忙统计默写满分和不过关同学的名单。

她很吃惊地看着我。

我懂她。对于她来说，这不是一件小事。长期游离在集体之外，她也想要回归。没有朋友，没有友情，是孩子内心无处言说的痛。

作为从未担任过任何职务的"另类草根"，她被我擢升为"代理课代表"，这是一份信任，也是一份器重。同桌请假，我没有请别的课代表代劳，而是请她。我没有把她与别人区别对待。在我眼里，她和她的同桌是平等的，她和别的课代表也是平等的，她和所有的人都是平等的。我传递给她的，是一束橄榄枝。"投我以木桃，报之以琼瑶"，她或许感受到了我的心意，一丝不苟地收作业、记名单，双手递给我，面含微笑。

她的同桌感冒很久未愈，断断续续地请假，此后的每一次收发作业、记名单、检查预习，不用我提醒，她都主动承担，做得严谨认真。

同学们也都认可、支持她的代理工作。

不知不觉，她变成和别人一样平和的孩子。她上课认真学习，下课积极完成作业。她回归到集体，过上了快乐的集体生活。每一天看着她，我都忍不住想笑。每个孩子都不一样，每个孩子又都一样，他们都需要给任务，给信任。

课堂上，她和别的孩子一样专注读书。过一会儿，她把脸埋在书页间，趴到桌子上，一动不动，好像睡着了。

我在她身边站了一会儿，轻轻吹了一口凉气儿。她感到凉意，抬起头来，并不惊讶。她已经适应了我的靠近。

我见她穿着厚厚的外套，关切问她："生病了？"她点点头。

我叮嘱："多喝水！"她微笑，点头。

下午，她来问我一个问题，这是过去所不曾有的。当我们贴近孩子的时候，孩子也在贴近我们。

一天，她在作业本上给我留言：

老师，有件事不知您能否帮我：爸爸妈妈冷战一周了，爸爸上周只回来两次，其中一次还和妈妈吵了架。我现在一点儿都不想回家，又觉得有些话憋在心里好难受。我还有一个妹妹，4岁了，因为家庭经济条件所限，她2岁就被送回老家了。我感觉很对不起妹妹，我比她幸运，可以留在爸妈身边。可爸妈并不和谐。每次他们吵架，我都只能自己哭。老师，您说我是该劝解他们，还是尽量不受他们的影响学自己的？我感觉自己的学习状态越来越差了。老师，再过几天就是我的生日了，我已经想好了许愿辞。或许，我还不够大，没有更高的境界，我并不奢望世界和平，我只祈祷我的家庭永久和睦。

我把她请到办公室，对她说："孩子，我提四个建议。第一，明确告诉爸妈，他们的矛盾冲突，已经影响到了你的成长。之前你没有说，是因为你在等他们自己省悟，希望他们顾及你的感受，而不仅仅只顾他们自己的感受。你要控制好自己的情绪，把话说明确，说具体，让他们记住你所受到的影响。第二，暗中搭建爸妈沟通的桥梁。比如你为爸爸做事，告诉他是妈妈让你做的；为妈妈做事，告诉她是爸爸让你做的。让他俩互相靠近，彼此理解。你要做唤醒爱、连接爱、传递爱的天使，做家庭成员的黏合剂。第三，安排好自己的生活，奋力向上，努力生长，培养自己坚强的心。第四，有时间的话，回老家看看妹妹。如果不方便，就经常跟妹妹视频聊天。她不是远飞的蓬草，而是和你一样的美丽花朵。正如你所说，小小的她，离开父母的怀抱，也是对你的关照与成全。好好爱她。"

她含泪，微笑，道谢。这个叛逆的少女，她身上扎人的刺，来自伤痕；她冷漠的外表所包裹的，是对幸福的热切盼望。所以，面对每一个孩子，不管他们是柔是刚，是冷是热，我们最先做的两个动作都应该是靠近他们，相信他们。

每一个与众不同的孩子都是故事大王。他们的怪异言行，都是值得同情、怜惜和悲悯的。教育，固然需要经验，但经验并不能解决所有的问题；发现不同的孩子，发现不同的见解，与孩子同呼吸共命运，相信世界的广博奇妙，保护孩子的与众不同，是每一个班主任的使命担当。这样的孩子，不是给我们添乱，而是打开我们的心门，使我们不至于僵化教条，不至于经验主义，令我们永远年轻，永远好奇，永远成长。感谢他们。

（六）早恋问题不难解决

一次，在外省做讲座，有个老师问："杨老师，如果学生早恋，应该怎么引导？"

我说："如果不是影响恶劣，不用引导。人是情感动物，喜怒哀乐，爱恨情仇，他喜欢一个人，总比恨一个人好。再说，孩子的这种情感，多半是'早'而不是'恋'，走着走着就散了，不必太担心。"

心理学认为，异性之间的相互吸引有三个层次：好感，喜欢，爱。孩子们所谓早恋，基本停留好感层面，或者是喜欢层面；爱，他们还不太懂。

对于所谓早恋，我不防范，不责备，也能够以此为话题坦诚交流。孩子们慢慢发现我没有敌意，不好为人师，也就放松了警惕，愿意把心底的秘密告诉我。这反而使我更加了解他们，在适当的时候帮到他们。比如，网课期间，有个孩子在自传里把自己的早恋当作重磅炸弹写出来，我很欣赏他坦诚的态度和质朴的文风，跟他商量把文章当作范文念给同学们听。

他说："老师，把'重磅炸弹'埋起来吧！同学们听了倒是无所谓，但现在上网课，家里大人能听到，他们要训我很多天的！"

孩子活得很简单，他们不计较是非对错，只回避自以为是的训导。

其实，我也训诫过他。上学期，他跟我说，喜欢上了外班的一个女生，但现在要以学习为重，不表白，他跟女生约定18岁高中毕业时再表白。那个女生成绩不好，目前他的首要任务是帮她提高成绩。上网课无法见面，他把知识点汇总起来变成书信写给女生，一封信不多不少1314个字，寓意一生一世都会帮她。信写好了，他的成绩也下降了。我拿这事批评他，他并不反感，反而积极调整自己的状态。

期中考试前，他悄悄告诉我："老师，女生把皮筋给了我。"

我这才知道，现在的少男少女们也有自己的"爱情宣言"。女生把自己扎头发的皮筋送给男生，男生戴在手腕上，就意味着他心有所系，别人不要再打扰了。

我提醒他妥善处理，不要分心，他满口答应，也真做到了，期中考试考出了很好的成绩。他的所谓早恋，我没有引导，也没有阻止，只给他贴心交流和相对合适的陪伴。如果我换一种方式，未必有这种效果。

孩子们常常很主动地跟我谈这些话题。比如，有两个男生，喜欢上同一个女生，算是小情敌，但他们却是好朋友。他们说，这是两种感情，一码归一码，不纠缠。所以，遇到孩子早恋，不必心急如焚、如临大敌，孩子多是光明磊落、坦荡真诚的。遇到情况不妙的，就根据具体表现私下交流。朋友们，切记：信心、信念，是制胜法宝；心浮气躁、简单粗暴，是教育的最大绊脚石。

有一个女生跟我谈起，她两次表白心仪的男生都告失败。她很苦恼，又忘不掉男生，上课也会偷看他。有一天，我们又聊到这个话题，她突然说："老师，我明白了，不是我不够好，是我非他所喜欢的类型。爱情是要双向奔赴的，我这单方面喜欢，是该放弃了！"

这种看似内耗了许久的坏事，最终因为女生的豁然顿悟而变成了好事。

还有俩人，所有人都认为他俩是一对儿，但他们不承认，他们说，只是互有好感，够不上配对儿的级别，确切地说，是两个人有共同话题，相处不厌。

有一天，女孩告诉我："老师，我今年上课比去年认真多了，那谁，他每天要查笔记的。"嚯，这还能互相促进呢！

去年，女孩就告诉过我，她喜欢他，我既不惊讶，也没有否定，我只告诉她，在这样的年纪，喜欢一个人是很美好的情感，但也要做好被同学非议、被老师和家长阻止的准备。我还告诉她，一段感情的质量，是需要评估和衡量的，其标准就是双方有没有变得更好。如果没有，就赶紧收手。他们交往这一年，也遭到过同学议论、家长阻止，但直到现在，他们仍然以积极健康的方式在交往。社会在发展，人们的思想也越来越开放，不再把早恋当作洪水猛兽，而愿意给时间让孩子去成长。

去年暑假，我应邀去一所大学讲课。学院里年轻有为、风度翩翩的党委书记也问了我同样的问题："杨老师，您怎么处理学生的早恋问题？"

我说："一般不处理，过火了就谈谈心，不恐吓，也不指责，创造学生自主成长的时间和空间。"

他叹息说："如果我当初能遇到您这样的老师就好了。我上中学的时候，暗恋一个女生六年，到最后也没敢表白。班里按成绩排座位，我成绩好，坐前排；

她成绩差,坐后排。可我从不坐前排,我专门坐在她前面,方便她抄作业。学生恋爱,老师都是法海,是拆散高手,见一对拆一对。我谨小慎微,自然不敢碰触老师的红线。我喜欢她,却不敢表白,也不知道怎样做才是对她好,看着她抓耳挠腮写不出作业,就把自己的给她抄,不敢跟她多说话,更不敢主动给她讲题。可我就是喜欢她,因为她身上具备我没有却又十分向往的东西:她不漂亮,却敢在大庭广众之下引吭高歌,一点儿也不怯场;她成绩差,却常常开怀大笑,性格特别爽朗,好相处。高考我考上名校,她考了专科学校,我们从此再无联系。去年同学聚会,我们都去了,虽然时光不再,我已经找不到当年的心灵悸动,但见到她,我依然非常遗憾,青春年少的时候,没有很好地对待那一场朝思暮想的暗恋和茶饭不思的自己——归根到底,是我没有遇到宽容大气、科学引导学生成长的老师。"

我也很感慨。时代在发展,人际交往的方式越来越多元化、开放化。小组合作、伙伴互助,擦出火花;一次对话,滋生好感;爱好相同,怦然心动;性格不同,爱慕对方;好友早恋,自己羡慕;被老师批评,被家长责骂,一句安慰,便能心旌荡漾;内心孤独,渴望被爱;同学无聊炒CP,却促成了彼此;对方长得好看,侧颜杀,亮眼夺魂;成绩好,性格好,读书多,才艺多……总之,早恋的种子,随时都可能撒下、发芽、生长……老师和家长不要居高临下,而要放下架子,更新观念,把早恋当作课题来研究,更加理性和客观地从心理需求和成长规律来做推理,对孩子坦诚相待,温情脉脉,轻松幽默。

特别说明,对于早恋,我并不支持。但如果它来了,我就像对待孩子成长过程中其他的事情一样对待它,心平气和,笑口常开。

(七)师生冲突,不要急于请家长

体育课,几个人高马大的九年级男生,不按老师的要求练习跳远,而是自行打篮球。老师制止未果,每人踢了一脚。体育老师年轻气盛,血气方刚,踢得有点重,激怒了那几个当事人,他们怒气冲冲地跑到办公楼,给正在参加教研活动的年轻班主任打电话，声称要找校长投诉。

年轻的班主任问我："像这样师生都有错、矛盾激化的情况，是不是该请家长来学校？"

我答："不用。第一，请家长其实是给自己添乱，一个家长聊半小时，你半天时间就消耗掉了。第二，万一家长不讲理，纠葛就更多了。第三，解决问题要深入到当事人的内心，而不是利用家长来施加压力。"

解决这个问题，班主任可以"三步走"：

第一步，跟当事老师私聊，明确而友善地告诉他，踢学生是不对的，以后得管住自己的脚。第二步，跟几个男生群聊，群聊过程中要三问：一问，你们脱离队伍，违反要求，是不是有错？二问，体育老师给过你们改错的机会吗？制止过你们吗？连环错该不该受到惩罚？三问，你们已经九年级了，早该有规则意识和自我约束力，此时不警醒，更待何时？第三步，将双方当事人约到一起，开诚布公地面谈，该说明的说明，该道歉的道歉，帮助双方消除嫌隙。

年轻的班主任按照我说的做了。体育老师和当事学生都认真做了反思，态度诚恳。一切都是美美的。

不要姑息任课老师的错误，也不要纵容孩子犯错。遇事首选的不是请家长，而要想着怎样科学而实际地解决问题，想着怎样解放自己，帮助同事，唤醒孩子。

（八）让孩子成为问题解决者

九年级班会课，任哥主持辩论赛"逆境是否有利于成长"。就在辩论的尾声，双方四辩总结陈词的时候，故事发生了。

猝不及防，正方四辩小刘说道："顺境才不利于人的成长，就像某个同学，刚上初中的时候是全年级第一名，这算顺境吧，但是这也导致了他盲目自信，泯然众人矣……"

教室里静极了。谁都知道他指的是反方二辩小徐。反方辩友立即群起抗议："成绩起起落落再正常不过，不能进行人身攻击！"

当事人小徐同学肺都要气炸了！他红着眼睛看着我，呼哧呼哧大口喘着粗气。

太难得了！他气成那样，但依然维护辩论会的秩序，坚持听完我的点评。他以前不是这样的。他是个暴脾气，与同学相处，一言不合就大打出手，打完就不管不顾拂袖而去。可喜的是，三年过去，他踩着时间的阶梯，一步一步成长起来了！

放学的时候，他一步冲上讲台，脖子比钢筋还硬，"呼呼呼"一口一口地捯气。

他带着哭腔说："老师，他这是人身攻击！如果仅仅是为了赢，我手上也有他们的黑历史，辩论中有人提醒过我，说出他们的黑历史，揭他们的伤疤，打压他们的气焰，但我没有说，我不能说，我说了人家这初中的最后半年就没法过！"

十四五岁的孩子最要面子，小徐同学更甚。几乎班里所有的同学聊起他都会说："他多爱面子呀！"

所以，小刘的那句话，攻击性不大，杀伤力极强。小刘太想赢了，所以也就口无遮拦。

我跟小徐说："你等我！"

我一个健步跨到小刘面前："小刘，你说话太过了，向人家道个歉吧！"

小刘同学流下了眼泪，但他语气很强硬："老师，我不可能向他道歉，您不知道他平时侮辱过我多少次！"

说完，他更觉委屈，剧烈地抽噎起来。

同学们也都围过来。任哥斩钉截铁地说："小刘，你得向他道歉！是的，他平时说话很不注意，可能伤到你，但那是在私人场合，我们私下里解决。如果你觉得解决起来比较麻烦，我愿意帮你。你今天是在公共场合向他开炮，不能公报私仇，这不是辩手的修养与胸襟！"

小刘还在气头上，斩钉截铁地说："不！我不可能向他道歉！"

也许又想起昔日苦楚，他的眼泪汹涌而下。

任哥寸步不退。他一再要求小刘道歉，没有商量的余地。

我看看他，1.83米白面颀身的任哥，形象似乎更加高大了。

就这样僵持了半个多小时。班委和课代表主动留下来解决问题。任哥坚定不移地要求小刘道歉。小刘终于点头，同意道歉。

这时课代表们已经推着小徐来到他面前。

小刘顿了一下，走上前握了握小徐的手，说一声："对不起。"

小徐没说话，还是一副气呼呼的样子，看来是余怒未消，气氛依然紧张。

我说："想明白了没有啊各位？没想明白的话咱们去我办公室继续聊。就要中考了，每个人的时间都很宝贵，不能让坏情绪左右我们的生活，心里不要有疙瘩。心里有疙瘩的人没法专心学习。"

所有人都不说话。小徐还在呼呼生气。

任哥说："划得着吗？连个正式的辩论赛都不是，能把你气成这样！"

又静了一会儿，忽然，小徐头一甩，走到小刘身边，重重地握住他的手，摇了两下，说了三个字："没事了！"

小刘脸上的乌云也散去。

我们一群人情不自禁地鼓掌，欢呼，叫好！这一刻来得太不容易！但它终究是来了！

不，这还不够。1.81米的小徐，曾经桀骜不驯、目中无人的小徐，恭恭敬敬地弯腰，握住我的手说道："感谢老师的陪伴，耽误了老师的时间，对不起！"

小刘也跟我握手道谢："谢谢老师，老师费心了。"

小刘的表情很平和。话不说不明，过去他在小徐那里所受的委屈，也在那个夜晚得以治愈。这起争端最终得以解决，双方都是受益者。

"老师，再见！"目送孩子们走远，我也豁然明白：这盘根错节的几件事，是孩子们自主互助一次性解决的。他们是出色的问题解决者。这时的我，不是居高临下的教育者，只是心态平和的观察者，平易近人的陪伴者。我相信孩子，相信他们有解决问题的能力。当然，这也靠平时的培养。比如说，任哥的挺身而出、坚持正义，有他父母的教育、自身的努力，也得益于我按时召开班委例会，探讨分析，培养班委解决问题的主动性。

三、随手一拍，身教无言

班主任是班级建设的领军人物，总得有些跟时代相匹配的法宝才行，比如人人都有的手机，就是其中一宝。当然，我这里说的，不是手机的通话或者短信功能，而是它的拍照和录像功能。那么，在我们的班主任工作中，到底要拍什么、录什么，所拍所录又能起到什么样的作用呢？

（一）拍人物

班主任的手机相册里，人物照最生动。

1. 拍集体活动。周恩来年轻时给自己写了一副对联："与有肝胆人共事，从无字句处读书。"生活就是一本书，学生是在日常活动中成长起来的，所以拍摄他们的活动非常有价值。比如，学生做操站不直，莫着急，拿出手机拍下来，给他自己看，然后帮其摆好"站如松"的姿势，再拍，再给他看，让他自己评判什么样的姿态才是青春美。无须老师任何点评和指导，学生自有是非判断。

九年级开学第一天，课间操前，我高举手机："谁不好好做，我就拍下谁的丑态，发给他妈妈，让她看看自家孩子开学第一天的萎靡样儿！"孩子们笑，且笔直站立。九年级，课业负担加重，孩子坐得久了影响身体健康，务必让课间操行之有效。但是，一味说教只能让孩子徒生反感，而随手拍却是无言的规范和引领。

集体活动都是孩子们精心准备的，蕴含他们的智慧和心血，有心的班主任将过程与场景拍下来，就是珍贵的班级史料，也是孩子们自我教育的好教材。

我录过孩子们用英语演绎《白雪公主与七个小矮人》的过程，他们为了演好小矮人，蹲着像小鸭子一样摇摇晃晃上台的样子真是可爱。这段视频，激发孩子们有创意地做好每一件事。乔布斯说："领袖与跟风者的区别就在于创新。"我相信，这些短视频也将对他们以后的成长产生深远的影响。不管将来在什么岗位上，他们都会有不俗表现。

河南省第二实验中学优秀班主任周佳佳老师认为，随手拍集体活动，利用了心理学的"从众效应"，有利于树立正面榜样，烘托班级发展的积极氛围。我深以为然。

2. 拍个体成长。青春易逝，往事如风。时光一点点流逝，孩子们一天天长大，如果班主任能随手拍下孩子们成长的过程，师生是多么幸福！每一个令人怦然心动的瞬间，也都是教育的契机。我的同事六六老师，曾在孩子们刚入校和毕业时分别给他们拍照，孩子们毕业时，她把两张照片作为毕业礼物送给他们，孩子们感动得热泪奔流却又笑靥粲然，场面温馨感人。

我也曾拍下每个孩子的七年级开学第一天、八年级开学第一天、九年级开学第一天、初中毕业那一天——四张照片对比，就能看见每个人的成长：七年级还有一点"婴儿肥"，八年级开始抽条长个儿，九年级就变成大小伙儿、大姑娘啦！这种看得见的成长，让我们见证了生命的奇迹。

3. 拍教师群像。言传身教，任课老师的课堂风采、备课神韵、课间动态，都是学生所关注的，班主任拍下来，留作宣传资料、班会素材，再好不过。

4. 拍课堂万象。为了全方位了解学情、学风，班主任要深入课堂内部，参与学生的学习，掌握第一手资料。其他学科上课，若班主任有时间，也可进教室听听、看看，和学生一起学学。在我任教的学校，很多班主任精通本学科以外两门以上的学科教学，这与他们深入课堂听课有很大的关系。走进教室，将手机调至静音，课堂万象随手拍，下课后把所拍图片给学生本人看，班会课上用大屏幕播放给全班同学看，班主任还用去表扬或批评学生吗？还用为工作烦恼吗？以事实矫正事实，此时无声胜有声。

（二）拍学生的作品

孩子们总有些好玩有趣的作品、作业进入我们的视线。班主任拍下来，就是肯定，就是褒奖，有益于推动学生成长，也有益于促进学生反思。

一次，我拍摄了卢同学的优秀作业，他受到鼓舞，越写越好，我跟踪拍摄他的作业，并把他的作业做前后对比，从作业质量的优劣和做题速度的快慢，总结出写作业的态度和写好作业的规律。我也从教师角度，思考并研究出作业布置的理念、方法和技巧，从而激发他的学习兴趣，激励他不断进步，他则从中汲取力量和信心，获得持续成长，建立成长系统，从潜能生进步到良好生。

他初中毕业后也一直记得我为他拍摄作业这份师生情谊。他上高二那一年，我年近九旬的爸爸生了重病，他得知以后，组织了七位男生，加上他，号称"八大金刚"，在星期五放晚学后代表全班同学来探视，寓意他们以金刚不坏之身，来保护我爸爸渡过难关。"八大金刚"来到病房，每个人握着我爸爸的手，讲了一个我跟他们之间的故事，他们的意思是："爷爷，如果有一天您离开了这个世界，还有我们在爱着我们的老师。"

我全家人都感动哭了！一个月后，我爸爸溘然长逝。他给我的临终遗言是："卫平，这辈子你做了老师，做了班主任，是最正确的选择。都说'学高为师，行为世范'，'教师'这两个字就是最高荣誉，珍惜，珍惜！"

如今我爸爸已经作古多年，他的教诲言犹在耳，每每忆起，都不禁含笑带泪，充满动力。

我还有个学生叫木木，平时喜欢画卡通画，一个偶然的机会，我拍摄了她的习作，没想到，这激发了她创作的热情，后来她多次在美术杂志发表作品。我出版的著作里，两本有她画的插图，我们也算创造了"老师写，学生画"的佳话。

（三）拍学生的成长环境

学校、教室，是孩子的精神家园。校园的景致、教室的布置，拍摄下来，也是对孩子的审美教育。这方面，我的同事王老师是行家，校园里的花草树木，皆入她的镜头；班级里的角角落落，都入她的视线。她还教会孩子们成为艺术家：把班级剩下不用的桌子拼凑起来，桌面上铺块花布，教室的一角就温馨了；窗台上一盆花绽放，两支笔并立，整个教室就灵动了。这样的教室，哪个孩子不愿意爱护？所以，王老师的班级，一直是文明、卫生双料先进班集体。这些，又何尝不是班级风景照？做成相册，永久纪念，以后做班主任工作，大可据此"温故而知新"了。

总之，无论是人还是物，拍下来就是"无言之教"。比如，拍下小组集体讨论、优秀生独立思考的场面，或者拍下优秀的作业，在班会课上展示，无须多言，孩子们就有了学习的模板和榜样。俗话说："日言百句，不劳自伤。"劳碌的班主任要多多保护自己，与其苦口婆心地说教，不如不动声色地拍摄，让事实说话。让孩子学会主动成长，才是教育的真谛。

四、深切理解，允许差异

八年级上学期，一连上了 80 天网课，师生都有些焦虑。我结合语文教学组织了一个学习活动：录制视频《我讲〈昆虫记〉8 分钟》。名著整本书阅读是语文必考题，满分是 4 分。我开展这项活动，是想同时解决学业考试与师生焦虑两个问题。

小白同学陷入不安："老师，今天的作业我抢不到第一个上交了。"一会儿他又说："老师，您确定 8 分钟只能讲一只昆虫？"

他原本是一个雷厉风行的少年，没有这么多碎碎念。我对他的反常行为感到纳闷。

孩子们告诉我，小白怕虫子。生物课学节肢动物，他整节课不敢抬头，浑身冒冷汗。

或许，每个人都有自己的"怕"，都有无法克服的困难和不能逾越的鸿沟。

以往每届都读这本书,但那时真不细致,也不知有没有孩子怕虫子。

或许有不少人怕虫子。有一次,小汪和艺轩去办公室问我问题,突然发现艺轩的书包上趴着一只虫子,她俩吓得尖叫。说时迟,那时快,我抓起一张卫生纸,捏住了虫子。

小汪说:"老师,从今天开始,您就是我心中的英雄,您比我爸都厉害,他可不敢捏虫子。"

哈哈哈,我之前也是怕的。20岁的时候,家里买了小鸡饲养。一个星期天,爸爸妈妈出门走亲戚,我独自在家,有一只小鸡死掉了,尸体僵硬。我吓得锁门躲出去,直到爸爸妈妈回来。后来,我当家做主,保护老小,杀伐决断,斩钉截铁,就变成了今天的自己。现在我也还有怕的事情,比如打仗、打架,所以《水浒传》和《三国演义》我至今没看完。后来,购买音频,听着听着就两股战战,只好关停。怕的痛苦,我品尝过,所以,我愿意理解同样心中有怕的孩子,愿意包容他们。

我惭愧于自己对孩子了解不够,决定网开一面,不让小白参加这项学习活动了。大不了考试时这道4分题不得分。宁丢分,不虐心。教育不是强制孩子必须做什么,而是允许孩子存在差异。

可是,这孩子也和自己的弱点较上劲了,他偏要试着打破壁垒,突破自己。他写好文案,录了6分多钟,凑不到8分钟。

我说:"每一秒钟都不容易,算你过关。"

他十分欣喜地说:"感谢老师大恩大德。"

他迟迟没有提交。深夜我才收到他的文案、视频和来信:

老师、同学们,大家好,今天我给大家讲述《昆虫记》中的萤火虫。在大自然界的昆虫之中,法布尔先生用笔尖,流转着,跳跃着,用一生光阴,慢慢叙述微小生命的繁华与不朽的篇章。而这当中,就有这样一只小精灵,它提着灯笼,用萤火照亮归家人前行的路,这就是法布尔笔下的萤火虫。

第四章 笑着行动

"萤火虫,六只短脚,粟褐色的身体,红色的胸部,环裙边缘有一些红色的斑点。萤火虫身体的最后一个灯泡就是我们常说的尾灯,而雄性萤火虫只有尾灯,成熟的雌性萤火虫则还有两条荧光带。"这就是法布尔先生描写的萤火虫的形态特征,从中可以看出,"萤火"也是分"尾灯"和"荧光带"这两种发光器官的。

"萤火虫有水生和陆生两种模式,陆生占大多数,往往隐藏在植被茂盛、高度高、湿度大的地方。如果是水生的,则对环境要求更高,必须是水质纯净,没有任何污染。"法布尔先生告诉我们,哪怕是小小昆虫要发光发亮,也是很讲究环境的。

"雌性萤火虫,会用绚丽的装束来打扮自己,擦亮了这发光器光灿灿的宽带,以庆贺自己的婚礼,而在此之前,自刚孵化的时候起,它只有尾部的发光斑点。这种绚丽的彩灯显示着雌萤火虫惯常的身体变态。身体的变态使萤火虫长出翅膀,能够飞翔,从而宣告生理演变过程的结束。"法布尔先生用富有诗意和浪漫的笔调,描绘出属于小小萤火虫独有的浪漫与温柔。

当然,最绚丽的萤火也终有熄灭的一天,法布尔先生说:"这盏光灿灿的灯点亮时,还标志着萤火虫交尾期即将来临。之后,雌萤火虫就没有了翅膀,不能再飞翔,一直保持着幼虫的卑屈形态,但是,它的那盏灯始终亮着。"总而言之,无论是雄性还是雌性,不管是处在发育时期的哪个阶段,萤火虫尾部均可发光,这就是整个萤火虫家族的一大特点。

"萤发出来的光,是白色而且寂静的。它的光对于人的眼睛一点儿也不刺激,很柔和。这种光看过以后,便会很自然地让人联想到,它们简直就像那种从月亮里面掉落下来的一朵朵可爱的洁白的小花朵,充满诗情画意的温馨。"这就是法布尔笔下的萤火虫,他用文字记录下这独一无二的昆虫韵味,让萤火虫似陪伴黑夜的小精灵一般,微小,明亮,璀璨,彰显生命美好。

杨老师,深夜临睡前跟您说一句,晚安!这段剪辑的视频,本来是为了完成这个活动而做的,刚开始抱着对昆虫说不清的态度,并没有像之前每一次参与课本剧展演那样全身心投入,后来发现我剪辑的好像不是作业了,而是一种治愈过程,所以您在工作繁忙之余或是临睡前看一下,可能会起到治愈的作用。内心OS:其实我也不知道为什么会把《昆虫记》剪辑成治愈视频,可能就是"妙手偶得之"。

我认真看完他的视频,画面唯美,解说生动,令人感动。我回复他:

谢谢你,小白!每个人都有自己的脆弱,我提倡接纳不完美的自己。你却另高一筹,另辟蹊径,超越了自己,实现了自愈,真棒!我也恰好被治愈。最近我过得不太好,十几天前,我失去了最好的朋友,悲伤至极。但这种悲伤无人可说,无处可说,自言自语则更增悲伤。按我的人生阅历,应该不至于这样情绪激动,但真是不能平静。我一直在排解,在自我疗愈,也能得到疏解,但是一经环境的触发,就不禁悲从中来,不能自已。这一次,我的心被你的萤火虫彻底照亮。小白,那些曾经过不去的坎儿,或许在今夜,都能够跨过去。谢谢这样漫长的冬夜,这样孤单的日子,有你制作这样的视频。送给你一首美国传奇诗人艾米莉·狄金森的小诗《假如我能使一颗心免于哀伤》:

假如我能使一颗心免于哀伤,
我就不虚此生;
假如我能解除一个生命的痛苦,
平息一种心酸,
帮助一只昏厥的知更鸟,
重新回到巢中,
我就不虚此生。

起初我是来帮小白的，后来是他治愈了我。教育就是这样神奇，甚至具有反哺功能。当我们给予孩子深刻理解，允许孩子存在差异时，世界上最小的光亮，携着至高的温暖，意外降临。

五、毕业不散场，上好离校课

毕业，是一件盛事。它意味着告别，也意味着转角又将有新的成长。在这个节点，为学生上一堂毕业离校课，也算是扶上马，送一程。

这堂课，课时比较长，需要整整一个上午。其学习目标，是在毕业季点亮心灵，促进精神成长，为以后创造幸福生活打下基础，指明方向。其教学过程如下。

（一）拍毕业照

用时 45 分钟，拍两类照。一是主题式小合影，几年间坐过的所有同桌、历任的班委、每个学科的历任课代表、帮助过自己的人、促进过自己的人、欣赏过自己的人、原谅过自己的人……总之，以各种影像刷出存在感、价值感，激发学生带着满满的信心与充沛的使命感、感恩心，走向新的生活。二是集体大合影。毕业照是班级史册最直观的一页，意义重大，不能流于形式，要拍得温情脉脉，情深义重。这需要储备"三好"：好表情，好心情，好状态。班主任事先给班委和课代表开筹备会，交流、沟通。由他们代表班级邀请领导和老师前来合照。拍毕业照，领导与老师会不请自来，但有了邀请这个环节，就有了仪式感。这是一次很正式的邀请，要有邀请函或邀请辞。邀请函由班里的美术爱好者自主设计，要富有班级特色和青春气息。邀请辞不要求整齐划一，要有"四化"——个性化、生活化、知识化、真诚化。不拖沓冗长，不装深沉，不抖机灵，最终形成文字，载入班级史册。比如："尊敬的老师，我的青春，您的付出。三年一晃而过，转眼就到了拍毕业照的时间。××届××班毕业照拍摄时间：6月27日7:00；拍摄地点：学校操场东北角。恭候您的到来。"

拍毕业照，不只邀请现任老师，也可以邀请前任老师。哪怕几年间只教过一节课的老师，最好也请到。这是最后的集体影像，每位老师都该被记起。

（二）做毕业事

用时90分钟。尼采说："对所爱的人，应锻炼他，使他提高，这才是真正的爱。"那么，毕业时，我们要陪学生做五件事。一是给校园里的每一朵花、每一棵树浇水——热爱脚下的土地，热爱自然，是每个人一生的功课。二是把教室打扫得窗明几净，光洁如新——人走茶不凉，宅心仁厚。三是留下一些纪念物。有一届学生毕业时，替班级锁了三年门的孩子，拿着锁走进办公室说："老师，不好意思，这把锁，我偷走了。"那把锁，是他这三年来最好的纪念，我允许他有趣地"偷走"，我重新买一把锁交给学校就行。所以，孩子毕业时愿意带走纪念物就让他们带吧，我们来补上就好。四是留存奖状。把班级所得的奖状小心翼翼地从墙上摘下来，若有破损，就拿出晴雯补裘的细心来粘贴、修复。每个人都在奖状上签署自己的名字。班级的荣誉是大家共同努力的结果，每个人都是功臣。签过名的奖状交由班主任保管，他年再聚时，拿出来传阅，自会别有一番成就感。年华似水，总有一些人、一些事能让人轻易找到少年感。五是轮流在黑板上签名留念。一次隆重的告别，一个漂亮的转身，为人处世，从大处着眼，从小处着手。

（三）诉毕业情

用时50分钟。把程式化的毕业感言变成具体亲切的成长小故事：最骄傲的事，最感激的人，最勇敢的心，最天真的问题，最快乐的球赛，最遗憾的错失……当班级成为无需设防的树洞，也便成了永远的心灵家园。哈佛大学花了76年的时间做研究，最终发现，拥有良好的亲密关系的人最幸福。在毕业离校之际，把班级打造成可以敞开心扉的地方。同学情、师生爱、青春乐、成长痛，或深情庄重，或诙谐调侃，都是充满了安全感和依恋感。如此，当学生离开熟悉的母校、老师、同学，投入未知的新生活时，就不至于迷茫、畏惧。将这样珍贵的倾诉与交流的过程拍照或录像，最终制成毕业电子相册，成为永久的纪念。

（四）写毕业信

用时30分钟。毕业，意味着此时告别，也意味着未来可期。20年后再相会，母校是什么样子？老师同学是什么样子？国家是什么样子？世界是什么样子？有什么样的际遇和机缘、使命和挑战？放飞思绪，大胆想象，给20年后的自己写一封信，封存起来，放在班级"时光瓶"里，交由班主任保管。再相会之时，拆开这封信，将会有怎样的感叹与惊喜呢？不妨一试。

（五）行毕业礼

临别时，孩子们给母校鞠躬，行毕业礼；给老师鞠躬，行谢师礼；班主任发表最后一次演讲，号召学生感恩母校，莫忘母校，长大后回报母校，报答社会。毕业课程完美收官。

离校课程要富有情怀，让学生离校之际依然学有所得，心有所系，正如泰戈尔所说："我们一次次地离开，是为了一次次地归来。"

总之，班主任事务多，行动要讲效率，还需做到以下三点：第一，行动前制订计划，统筹安排；第二，过程中随时跟进检查、反思与改进；第三，有个事情发展备忘录，哪怕记录很简短，事情的脉络也会很清晰。

这一章比其他章内容多，归根到底就一句话：以极大的耐心，以愉快的心情，以不同的方法，教育不同的人，帮助每个孩子成为更好的自己。我力求用拙笔想把理念阐释得更透彻，把方法写得更易操作，把案例写得更翔实，便于读者阅读。愿我的文字，没有辜负诸君的明眸。

第五章 笑着思考

校园里,班主任是最忙的人。我们接触的人多,处理的事情也多,难免会有疏漏之处和肤浅之时,这就需要我们具备思考的习惯和能力,而笑着思考,则更有趣味,更有意义。

笑着做班主任，需要以智慧做支撑，在实践中总结，在经验和教训中思考。如果班级是一台机器，那么，笑着思考，会让整个班级的每一个齿轮都更好地运转。

一、笑着思考，让搭档合作惬意

班主任工作责任大，任务重，要学会科学地工作，愉快地借助任课老师的力量来完成使命。相对于班主任，任课老师与学生的接触更少一些，如何让学生了解、亲近任课老师，最大限度地发挥任课老师的能量，也从他们那里"巧借东风"，培养学生的学习兴趣，提升学生的学习能力，使自己成为师生之间的润滑剂，使任课老师舒心工作、乐于奉献，对于班主任来说，也是一个值得思考的课题。

第一，新学期如何让学生全面了解任课老师，投入到课程学习中？那就召开主题班会《夸夸我们班的任课老师》。搜集、整理每位任课老师的特长、绝活、成就、阅历，以快板、打油诗、小品、歌曲等大家喜闻乐见的形式演绎出来。这有利于学生亲近老师，懂感恩，知珍惜，热爱知识，乐于钻研；也有利于任课老师在教学中拥有角色自豪感，充满激情、自信和希望——这种良好的情绪，也必然在学生那里得到传承。

第二，如何充当任课老师和学生之间的纽带？带领学生细数任课老师的经典语言、逸闻趣事、教学高招、敬业精神，强化他们的可爱可亲可敬之处，这对老师是促进激励，对学生则是温馨提示。在一群有趣有爱的老师带领下，学生定然很积极，那他们也自然会深得任课老师的喜爱。这样一来，老师爱岗位，爱学生，也不断激励自己，历练自己，提升自己；学生敬老师，爱自己，乐学习，爱集体。师生和谐相处，班级发展良性循环。

第三，作为班主任，最重要的能力不是管理能力，而是协调能力，如何协调得好，使班级工作顺风顺水？我和地理老师小张之间的协调就是一个例子。他是教学新手，乍一见我这个老教师有点紧张。我用网络流行语幽默开场："一看你就是有为青年！"我们的愉快合作，就在笑声中开始了。

小张老师跟着我做班主任助理。我俩经过商量和讨论，把诸多的班级事务分解开来，分头行动，随时交流；遇到棘手的问题，我俩就深入研究，周密部署。就这样，我从琐碎工作中得以解脱，小张老师也有了更多实践机会，从中受益。名义上我是班主任，但班级的良性发展，是因为小张老师热情参与和所有任课老师鼎力相助。

运动会的一天中午，小张老师比我到得早，他发现班里的竞技成绩不佳，给孩子们发棒棒糖鼓励。在他的激发下，孩子们另辟蹊径，人人写稿，拿到了全年级唯一的"精神文明班级"奖。

在某节课堂上，一个孩子骂了人。我板着脸要去严肃地处理，小张老师提醒我："杨老师，笑哦。"

我恍然大悟，笑着给那个孩子讲故事——

苏轼是个大才子，他的朋友佛印是个高僧，两人经常一起参禅、打坐。佛印老实，常被苏轼欺负。苏轼占了便宜很高兴，回家就跟他的才女妹妹苏小妹说。

一天，苏轼又和佛印一起打坐。

苏轼问："佛印，你看看我像什么啊？"

佛印说："我看你像尊佛。"

苏轼听后大笑，对佛印说："你知道我看你像什么吗？就活像一堆牛粪。"

这一次，貌似佛印又吃了哑巴亏。

苏轼回家就在苏小妹面前炫耀这件事。

苏小妹冷笑道："哥啊，就你这个悟性还参禅呢，你知道参禅的人最讲究的是什么？是见心见性，你心中有，眼中就有。佛印说看你像尊佛，那说明他心中有尊佛；你说佛印像牛粪，想想你心里有什么吧！"

故事讲完了，骂人的孩子羞得满面通红："老师，我错了，以后再也不这样了。"

后来，孩子妈妈给我发信息："您和班里的老师都那么好！"我把这条信息给小张老师看，我俩自是欢欣，进一步思考、切磋、相约，以后遇到任何问题都不要大发雷霆，而要以愉快的方式解决。因为，发火是最没用的招数，于自己、于学生都是有害而无益，而开心则恰恰相反。

孩子犯错，我为什么不生气？我是这样思考的：

1. 我认为我不该生气。我是一个班主任，我的一言一行都有为人师表的意义。一个掌控不了自己情绪的班主任，又怎么要求学生情绪稳定？我是老师，也是教材。

2. "气大伤身"，我不生气，既爱惜自己的身体，也保持自己的修养。我不生气，不代表我撒手不管。相反，我是为了更加科学地敬业。孩子出了错，老师第一反应不该是生气，而是思考：为什么出错？是孩子不细心，没搞懂，时间长忘了？还是我没讲透彻，没教方法，缺少激励机制？怎样矫正更有效？能不能从错误的地方开出一朵花？我常常跟犯错的孩子说："你这个错误有价值，你让我发现了自己教育教学中存在的问题，也避免了其他同学再犯同样的错误，谢谢你！""静能生慧"，当我心态平和、积极思考时，解决问题的方法似乎就更机智一些。蔡康永曾说："如果你想要养育一个必须听话的孩子，那就养一颗鸡蛋好了！"教育，要帮助孩子主动成长。

3. 对学生的言行抱持理解态度。下课，我随手把手机放在办公桌上，自己去教室找孩子谈心。回到办公室的时候，看见一个孩子在翻看我的手机。我快步流星地走过去，叫起来："哇，你怎么随便看我手机！"随即我意识到这是因为大人，包括我自己，没有认真教过孩子尊重别人的隐私权。我赶紧把音调调到柔和状态，笑道："孩子，请你记着，永远和除自己之外的任何人，包括跟你有亲密关系的爸爸妈妈，你未来的太太和孩子——保持隐私距离。未经许可，不可翻看别人的手机或者走进别人的私人空间。"孩子并没有感到尴尬，反而欣然接受了我的意见。

当孩子犯错的时候，我们生气、呵斥，无可厚非，正所谓"爱之深，恨之切"，但是，一定要保证，一不伤害孩子，二不能一气了之。我们最终的落脚点在解决问题上，慢一点没关系，不能解决全部问题也没关系。只要我们不断思考，不断探索，尽心尽力就好。生气、批评不是解决问题的方法，指导学生解决问题，比生气和训斥管用。这也是我笑着做班主任的缘由。

二、笑着思考，推动学生积极向上

从某种程度上说，班主任的精神风貌就是班级面貌。

同事刘老师班里有个孩子，处处逆反，时时捣蛋，刘老师没有批评他，而是静心思考如何帮助他。他喜欢看侦探小说，刘老师便买了一套给他。

孩子惊讶："老师，这套书多少钱？"

刘老师说："不要钱，送你。"

那个孩子再也没有逆反过。刘老师说，她觉得让孩子顺应老师的要求，不如送学生他所需要的东西，因为赠予就是一种态度：你很重要。

我很同意刘老师的观点，也乐意笑着思考。

那年，我接手了一个全年级最差的班。起初，我颇为担心和沮丧，但转念一想，何不换个思路，心平气和，从容不迫，大胆尝试"笑着建设法"？

于是，我笑意盈盈地宣称：

"今天年级长表扬咱们班广播体操做得好了呢！"

"教务主任说咱们班作业是完成得最好的哦！"

"政教主任说你们是最擅长劳动的学生！"

"你们读书的声音真好听，校长都在我们的窗外流连忘返啦！"

在愉快的激励之下，孩子们的眼里有了光。他们认为，我们的班级是最温馨、最美好的去处。每天回到家里，他们就滔滔不绝地给家人讲述我们的班级趣事。后来一放学回到家，他们的家人都会好奇地问："今天你们班又有什么新闻呢？"

为了满足家人的好奇心，孩子们就又不断地制造积极、温馨的故事。我们的生活总是那样丰富多彩。

男生小程因为糖尿病住进了医院，孩子们甚是牵挂，几乎每天都要问我："老师，小程什么时候来上学啊？"

班委们在一次例会上也提出了看法："小程生病也给我们提了个醒：要做好每一次操，上好每一节体育课，坚持锻炼，保持身心愉悦。"

半个月后，小程来上学了。

这个同学说："抄我的笔记吧！"

那个同学说："放学我和你一起回家。"

冬季校园长跑，小程也参加了。同学们悄悄问他："你累不累？累了就下来，别硬撑，留得青山在，不愁没柴烧。"

小程身上带着胰岛泵，肚皮上扎着长针。我查过文献，也咨询过医生，糖尿病患者适度运动有助于恢复健康，于是和体育老师沟通，为小程"私人定制"了体育课，保证他不至于很累，又强身健体，舒展身心。

小程的爸爸妈妈感慨道："在这样的班级里，和这样乐观的老师、同学在一起，小程身体恢复得快，学习也有劲头。"

小程告诉我："杨老师，您知道吗，我是不能生气的，我一生气，血糖就高。

老师和同学们对我太好了,我天天高兴,血糖都快恢复到正常值啦。"

哦,原来,好心态真的可以治病啊。有一天放晚学,我看见小程和几个同学在门前的草坪上寻寻觅觅,好像在找什么东西。我走过去询问,小程说:"凡凡的 U 盘丢了,我们在帮他找。"在愉悦的环境中,一个生病的孩子可以忘记自己的疼痛,心里装着别人的悲欢。

小程同学后来发展如何?他从我班上完成初中学业,顺利考上高中,进而考上心仪的大学。他想给我一个惊喜,没有事先联系,而是悄悄带着大学录取通知书来到学校找我。他说:"杨老师,我就是想让您看看,我不仅考上了喜欢的大学,病也彻底好了,胰岛泵撤了,针也拔掉了,我已经长到 1 米 84 了。"

笑着思考真是太神奇了。经过三年的努力,我们的这个班级不断进步,毕业时各科成绩都是全年级第一。聪明的脑,温暖的心,坚强的意志,乐观的精神,是他们交给母校的青春答卷。长大以后,他们热心公益,经常无偿献血,每年教师节,我都能收到他们的献血证。他们风趣地说:"老师,今天是您的节日,弟子献上满腔热血,聊作慰问。"

纪伯伦在《先知》里说:"那在殿宇的阴影里,在弟子群中散步的教师,他不是在传授他的智慧,而是在传授他的忠信与仁慈。"作为班主任,我们要多思考,如何让孩子在获得知识的同时,拥有心花怒放、信心满满的情感体验和向善向上的心灵感悟,促进学生的思维发展和精神成长,锻造师生鲜活的生命、光明的内心、挺拔的人格,让美好动人的生活方式和思维系统得以发展和延续。

三、笑着思考,使家校配合默契

可以这么说,父母对待老师的态度,多半就是孩子对待学习的态度。

比如,有个班主任很公正,每两周前后左右调座位。这天,又到了调座位的时间。一个坐在中间的孩子,木着脸跟班主任说:"我不想调座位,我妈妈说了，你总是让我坐靠边儿的位子。"

老师蒙了，不是这样的啊，她对所有同学都是一视同仁啊！她联想到之前的一件事：刚进入这个班学习的第一天，这个孩子就给老师带来了礼物。原来他的礼物不是用来表达心意的，而是他妈妈授予他拉拢老师的工具。

老师一下子明白了，为什么这个孩子总是上课睡觉，作业不写，常交空白本。他的妈妈教他学会了斤斤计较、以己度人、投机取巧、蒙混过关。遗憾的是，他的妈妈浑然不知。她的不明事理，给孩子帮了倒忙。智慧的父母，会跟孩子分享他们所感受到的老师的美好，而不是对老师主观臆测，妄下断语。比如，我们班的一鸣妈妈，平时跟老师交流并不多，但是她总是关注老师的动态，从中发现闪光点，与孩子分享。孩子看到老师的优秀，很信任老师，努力学习老师传授的知识，也善于深入探究，学习成绩一直名列前茅。当然，一个班有几十个学生，老师也有难以周全的时候。我觉得，学生家长即便发现老师的不足，也不要在孩子面前信口开河，可私下里跟老师真诚沟通。家长越是委婉得体，老师越是感动、感激。温暖的家校关系需要双方用心建设。

家庭和学校应该有共同的教育方向，而不是彼此对立。家长在孩子面前随意宣泄对老师的不满情绪，无异于把孩子变成家校矛盾的夹心面包，吃亏的终归是孩子。所以，做好班主任工作，重要的一环是思考如何取得学生家长的支持。学生家长的素质常常是参差不齐的，家校沟通常常也是对学生家长的培训。对于如何做好家校沟通，我经过思考后列了一个提纲——

陪伴孩子太少的家长，我这样跟他们交流："咱家姑娘读书时音质、音色、音速都好，如果您每周能在周三、周五两个晚上听她朗读两段文章，日积月累，她一定能有更好成长。"

怀疑孩子能力的家长，我这样对他们说："我之前教过一个学生，现在在俄罗斯列宾美术学院留学，他的导师说他可以成为画家，我把咱家孩子的情况和他做了一下比对，咱家孩子也有这个潜质。"

死盯分数的家长，我这样与他们沟通："条条大路通罗马，单拿考试成绩来评价孩子，世界就小了。咱家孩子孝心满满，您好福气啊。让我们以此为契机，慢慢引导，他的成绩也会芝麻开花——节节高！"

当我经过思考，把笑的种子撒播到沟通的桥梁上，付出建设性的行动，就获得了两代人甚至是几代人的首肯，我们的工作也能获得他们的支持。

有一个妈妈，眉头紧锁地到学校来找我："杨老师，孩子就是不知道学习，我整天为他忙忙忙，他还是不懂我的心。"

我倒了一杯水递给她，笑着说："您说得最多的一个字是'忙'——忙者，心死也。换个字就好了——悟，左边是竖心旁，即用心的意思，右边是'吾'，即自我，左右合在一起，即为自我顿悟、醒悟。悟什么呢？悟孩子内心之所需，悟自己教育之不足——他到底需要什么？是无效的忙碌、愁眉不展的指责，还是愉快的激发、轻松的鼓励？我给过他什么？我应该给他什么？人心最强大，'心'上下功夫，自会有收获！"

我一边说着，一边夸张地做着手势，她情不自禁，哈哈大笑："杨老师，谢谢您！我悬着的心，放下了。"

一个孩子跟我说："老师，您知道吗，我妈妈为了教育我，读了好多书，只要是教育小孩的书她全买，可还是教育不好我。妈妈读了书却不思考，不会用。比如说，我早晨起不来床，总迟到，她为了叫我起床，就把窗户全部打开想冻醒我，或者直接端一盆冷水要浇过来。她歇斯底里地大喊：'你到底起不起来？不起来我就打电话叫你爸回来收拾你！'我不理她。她就真打电话让我爸爸回来。我爸爸回来后，就说：'都几点了！起床上学！'我就起床去上学。我妈妈又跟爸爸吵：'这就让他走了？不揍一顿能行？'老师，您看，她一点都不懂沟通！有时候我爸跟我沟通，她就疯狂插嘴，她一说话就生气，我这里火药还没准备好，她那边已经点着了炸弹！还有，我曾经偷过她一块钱，她气疯了，拿着刀把我的腿捅出血。她后来说是吓唬我的，可她没有吓住我啊！我偷她钱更多了，成百地偷！她逼着我爸爸管我，我爸爸现在都没法正常上班了……"

教育孩子，他的爸爸妈妈是真的努力，可是，他们缺乏思考，夫妻之间缺乏沟通，力量分散，他妈妈又总是恐吓威胁，孩子有钻不完的空子。他的爸爸妈妈有无尽的苦恼。

我得帮助他们。慎重思考后，我把孩子的爸爸妈妈请到学校。

我说："二位是很负责的父母。你们的目的一定是让孩子变好，可是一不留神，变成了一家人在相互战斗，父母和自己最爱的孩子成了对手。这是个方向性的问题：首先，妈妈读育儿书可多领会其要旨，应该没有任何一本书教爸爸妈妈与孩子针锋相对吧？第二步，建议二位'建立统一战线'，在教育孩子之前，二位秘密汇合，商议三个人朝着同一个方向而不是遥相对峙的战略部署；第三步，跟孩子沟通，二位要步调一致，而不要相互拆台，避免孩子钻空子。"

孩子的父母如梦方醒。后来我又多次与他们交流。孩子跟我说："杨老师，您才是真正懂得我的好朋友。我愿意把自己变好。"

是的，孩子都是侠客。他们愿意把懂爱的人当朋友。我们做班主任，不仅培养孩子，还要培训他们的家长。责任重大，但并不沉重。以有趣的方式，帮助学生家长解开心头的疙瘩，成为"笑着教育"的传播者，何乐而不为？

"家校同心，其利断金"，笑着思考，也给我带来家校共育的智慧。近年我开展了"感动班级学生家长""最具智慧力学生家长""优秀学生家长"评选活动，增强优秀家长的自我认同感和角色自豪感，同时以榜样的力量引领更多的人参与到"笑着教育"中来。

四、笑着思考，提升育人智慧

校园里，班主任是最忙的人。我们接触的人多，处理的事情也多，难免会有疏漏之处和肤浅之时，这就需要我们具备思考的习惯和能力，而笑着思考，则更有趣味，更有意义。

一天放学后，我听见两个男孩对话：

"你手里拿着两个实心球,累不累呀?"

"不累。明天不是期中考试嘛,今天大扫除,老师说为了保持教室整洁,让我把那谁和谁谁一直放在教室没拿回家的实心球给扔掉。我没舍得扔,就带回家。我今晚联系他们,明早再带到学校还给他们……"

把学生长期搁置不用也不带走的球扔掉,老师断舍离的想法没问题,但这种处理方式太过简单粗暴。在这个故事里,带球回家的孩子才是情深意重的男主角。如果老师能够更深一层思考,考虑当事人的感受,征求当事人的意见,让当事人自己解决,岂不更好?

听了两个孩子的对话,我也问了问自己:平时有没有随意扔掉孩子物品的行为?我们成年人以为的废品,在孩子眼里可能就是宝物,所以要先征求当事人的意见,再做处理,最好是让孩子自行处理。校园无小事,孩子无小事,处理孩子的每一个问题,都要经过慎重思考,而不要为了解决问题而随意做决定——这小小的事件,需要的是班主任博大的襟怀和宁静致远的心。

日常工作中的每一件事都值得我们思考后再做。

一个阴天,突然停电。教室光线昏暗,我担心孩子们的眼睛受伤害,就让他们到走廊上读书。

一片混乱!挤作一团说笑的,东奔西走前呼后应的,嫌教室门口拥挤跑到隔壁班旁边楼梯上坐着的,趴在栏杆上东张西望根本不读书的,留在教室的窗下叽叽咕咕说个不停的……凡所应有,无所不有。

我四处巡视,稳定人心。

可是,由于战线太长,我来回穿梭,不堪其苦。

万般无奈,只好让孩子们回到教室。

我叹息道:"孩子们,让你们出去读书,是为了保护你们的眼睛。谁知你们非但不好好读书,还借机贪玩,随心所欲地浪费时间。唉,你们啊,就是习惯了被束缚在教室里,规规矩矩地听课、写作业、考试,把自己变成机器!"

孩子们低眉顺眼,开始专注地读书。

光线实在不好，过一会儿我便给孩子们放学了。

回家的路上，我想起往届的学生。那时，我经常让孩子们在门外读书，从来没有出现这样混乱的局面，并且孩子们还因此发明了新的学习方法：小组合作法、两两结合提问法。那时，一派欣欣向荣。时隔几年，间隔两届，便都是滥竽充数。这真的是"三年一个代沟"吗？

走着，想着，我豁然明白：那混乱的局面，不仅仅是孩子的错，还有别的原因：

1. 我让孩子出门读书之前，少了一次交流。我应该把自己的心意说给孩子们听——也并不费时间，三言两语就好。我一直提倡老师少说话，但该说的话还是要说。老师得体的语言，可以架起师生心桥，也可以唤醒孩子的心灵。这一点，我做得不够，自我纠错一次。

2. 往届我不断与孩子畅谈会学会玩的重要性，达成了师生共识。现在，我虽然也常跟孩子谈心，但谈心内容不够广泛，程度不够深入，更缺乏理念的传播与引领。

想到这里，还是很开心的。因为自己没有单方面责怪学生，而是周密地思考，用心地反思，认识到自己与孩子们的交流要加时加量了。

每一次笑着思考，都有新的收获。

那天，我遇到一件事，女孩甲有点顽皮，篮球课不带篮球，找乙借。可是轮到乙用球，她却故意把篮球扔出去老远，乙只好跑着去捡球。女孩丙与乙是好朋友，见乙被戏耍，很是不平。于是，"路见不平，拔刀相助"，她冲上去把甲手里新借来的篮球夺下来也扔掉了。甲便口不择言骂起人来，且越骂越凶。丙忍无可忍，跟她对骂了几句。乙劝丙不要计较。丙觉有理，便住口。

深夜，丙来微信："亲爱的老杨，我遇到了大麻烦，后悔生气，又无能为力。"

这事我之前并不知晓。了解情况后，我问丙："你想怎么办？"

丙说："我想向甲道歉，但不好意思。"

我思考了一会儿，回复她说："姑娘，你保护朋友，值得肯定，虽然方法不妥。你主动道歉，也值得肯定。如果你不好意思说出来，建议你给她写封道歉信，我当信使，替你传信，怎么样？"

丙说："好呀好呀，谢谢老师。"

当丙主动道歉后，甲也不好意思了，她也向丙道了歉。孩子们就这样自己把问题解决了。

一个乐观豁达又积极思考的班主任，就是学生的精神依靠，他们遇到困难时自会来求助，而我们在经过思考以后，引导、陪伴孩子成长，也是一件轻松愉悦的事情。

《中小学班主任工作规定》第一章第二条明确指出：班主任是中小学日常思想道德教育和学生管理工作的主要实施者，是中小学生健康成长的引领者，班主任要努力成为中小学生的人生导师。

班主任拥有平和的心态，笑着思考，让教育散发人性的光辉，也能更加科学理性地敬业，尊重自己，珍爱学生，像火把一样，让孩子心中充满光明。

第六章 笑着评价

对于学生的成长评价,班主任应该尊重学生人格,严格遵守评价伦理,保护学生自尊,注重对学生成长过程的观察、记录与分析,予以动态化、过程化、多元化、增值化的评价,让孩子有尊严地长大。

2016年7月21日，我随团队去香港参加研修。登机前，我把自己的行踪发布在微信朋友圈。

飞机在深圳落地后，我打开手机，收到1998届学生小熊的消息："亲爱的老师，您去香港，应该在深圳过海关。这里有您几个弟子，大家见个面，吃个饭。弟子们想您了！"

一别十八载，师生要重逢，真的挺激动！可是，这次研修是21日至27日，时间很紧张，只有26日下午自由活动，27日返回。小熊说，他们几个是这样计划的：26日15:00阿华到香港接我到深圳，到深圳后，阿强设晚宴相聚，晚上小熊安排酒店入住；27日小熊送我到宝安国际机场与团队会合。也就是说，我遇见了一场爱的接力，有了幸福重逢。那个夜晚，我们师生四个边吃边聊，知心的话儿总也说不完。这三个孩子，当年从学习成绩来看，恰好代表三个不同层次：阿华是优秀生，小熊是中层生，阿强是潜能生。18年过去，他们都已过了而立之年，都做了爸爸，都有发达的事业，幸福的生活，都在深圳这个大都市有了一席之地。他们依然是彼此激励、互相欣赏的好朋友。

阿强说："亲爱的老师，当年我学习成绩那么差，您和老师们不抛弃，我自己不放弃，同学们不嫌弃，大家从来没有给我差评，我活得不自卑，有尊严，谢谢。"

我很庆幸，自己当初不以分数的高低评价学生，才有了如今这样美好的相聚。感谢孩子们给予我十八年如一日的爱与关怀。对于学生的成长评价，班主任应该尊重学生人格，严格遵守评价伦理，保护学生自尊，注重对学生成长过程的观察、记录与分析，予以动态化、过程化、多元化、增值化的评价，让孩子有尊严地长大。

一、重视精神陪伴与心理疏导

有上学就有考试。考试并不是洪水猛兽，它本身没有错，错的是草率地对待考试、单拿分数评价人的行为。

我们要培养的不是考试机器，而是热爱学习、精神明亮、人格挺拔、主动成长的人，因此，我们的评价是有前序准备的。这当中，精神陪伴和心理疏导少不了。

有个孩子，毛病多多，成绩一塌糊涂，但他却特别喜欢数学，经常到办公室问老师问题，老师思考的时候他也思考。有时他比老师还思路开阔，嘻嘻哈哈地给老师当老师，浑身上下都是成就感。他来回奔跑在教室和办公室之间，与老师侃侃而谈三角形相似或者圆的半径时，智慧力爆棚。有时他讲完一道题，满意离去，过一会儿又折回来了，因为他发现自己讲错了。据数学老师介绍，他的思维跳跃性大，虽然讲得不怎么样，但他会在无意间给老师打开一个新思路。我则被他热爱数学的精神感动，经常鼓励他给同学们讲题，他的成绩也得以提高。

"双减"政策实施以后，多地义务教育阶段取消了考试，我的一个当校长的老同学在微信群里说："都玩傻了！"

她一语道破天机。我们培养的孩子，多半只会做两样事情：一样是为考试而被压制着被动学习，一样是缺乏正确引导无节制地玩网络虚拟游戏。一旦取消考试，大人和孩子便都无所适从，孩子没日没夜地沉迷无聊无序的玩乐，大人无休无止地批评与呵责，孩子产生逆反心理，亲子、师生关系紧张。

"双减"的真正目的，不是让知识靠边站，而是给予孩子更多自主支配掌控的时间与空间，使得孩子会学、会玩、会创造：学起来很愉快，玩起来有节制，带着一种探索愿望去玩。

爱玩是孩子的天性。大凡学习不累的孩子，也都有玩的能力。这得靠大人引导。我同事陈老师就很会引导孩子。他在儿子很小的时候，就教儿子做实验。有一次儿子连接电路，他先教会串联，儿子看见自己把灯泡变亮了，非常惊喜。他便启发："除了这种联法，还有哪一种？"儿子又通过思考与探索发现了并联，喜不自胜。

孩子的成长是需要大人的理解和高质量精神陪伴的。我的一个朋友叹息道："工作太忙了，常常无暇顾及孩子。回到家已经很累了，做饭，吃饭，洗碗，做做简单的卫生，然后就该哄孩子睡觉了。鲁迅先生说时间是海绵里的水，只要挤还是有的。可是，我真的挤不出来啊！我五岁的儿子爱读书，每天晚上都拿着书要求我们和他一起读，可我们夫妇都做不到。有时候书里写的一些科学实验我们也没法带他做，因为还需要买器材。"

我说："一天24小时，挤出来20分钟应该是可以的。一天20分钟，10天200分钟，一个月就是10个小时，更何况还有双休日、节假日……至于科学实验器材，能买到就帮孩子买嘛，孩子亲自动手操作，比大人的讲解有趣。"

朋友说："也是，也是。有一次我们陪他读到光的折射，就找来两面镜子、一把梳子，带着他从垂直、锐角、平行等角度看，发现物品成像的特点也不一样。孩子眼界大开，好像哥伦布发现新大陆一样开心，产生了强烈的探索欲望。"

是的，我们不仅要评价孩子的考试成绩，也要看他们是否会玩、怎样玩，培养他们把求知变成本能，考不考试都能充实而主动地成长，而不是考试时就"只要学不死，就往死里学"，取消考试就"玩疯了，玩傻了"。如果空虚感、无方向感、无价值感填满了孩子的世界，就太令人担忧了。孩子的世界得有光。所以，不要简单地"取消考试"，而要观察与思考："双减"后大人和孩子在做什么？该做什么？

2010年暑假，我去新加坡德明政府中学访问学习。时任校长符传丰博士介绍说，他们学校有 21 个社团，分别在不同的国家活动。那时我还不以为意，以为不过是普通的社团活动，现在回想起来才发现，那是在培养孩子的国际视野。培养孩子，最重要的不是知识传授，而是文化引领，精神濡养，心灵培育。2024 年初，我再赴新加坡聆听符博士的讲座，他依然强调，这是一个无疆界、多元文化的学习时代，我们要着重培养学生的核心素养和内在驱动力，建立学习愿景，打造学习文化，培养主动学习、充满自信、心系祖国、为社会做出贡献的人。

有句流行语："大考大玩，小考小玩。"我想，这个"玩"，不是傻乐，而是一种精神的放松与舒展，是思维的打开与驰骋；这个"玩"，不是扔掉书无休止地玩，而是有节制地调节身心适应度，储备最佳的体力、精力与心力。考前调整是一种相对虚化的活动，不好拿捏，未成年人容易畏首畏尾或者无所适从。他们离不开师长的陪伴。这个陪伴，就是给孩子明示，要有考试意识，考前不可因玩丧志，萎缩怠惰。高质量陪伴，要给孩子积极的心理依托，不是简单地催促与督查。要"君子动口也动手"，参与进去，重在平时。

怎样把握好这个"度"，需要用心揣摩。还记得 2001 年我在家乡信阳任教，临危受命接手一个位居三流的毕业班。我不拖堂，不加作业，但内心很笃定，很平和，很亮堂，采取"有效时间管理法"：我有多少时间，要做哪些事，能做哪些事，在笔记本上写得清楚明白。6 月 25 日中考，我一直坚持到 6 月 24 日下午看考场。其他班都"放羊"了，我是唯一坚守岗位的班主任。中考成绩出来时，大家惊喜地发现，我所带的三流班级，直接跃过二流，跻身一流。

我认为，为保证复习的有效性，笑着做班主任要做到以下四点。

（一）状态积极

好的状态体现在工作的方方面面，比如班主任的着装。还是前文提到的 2001 年，一个天高气爽的秋日，我穿了一身深灰色套装，很显身材，暗自得意。女生慧儿却说，老师穿得太严肃，让人害怕。我记住了，后续时光多穿亮色衣服。2006年,已经在读大学的慧儿在网上找到我,对我说:"老师,很想您。"我知道,她想念的是我,也是我一件又一件明亮温暖的服装。

前几年的一个春日,我穿了一件秋香绿的毛衣。下课后,同事小蜗牛跟我说:"杨老师,谢谢您!本来因为班里的事窝了一肚子火,一看见您这样明亮的穿搭,我的心情就好了!您这个年纪还能这样精神抖擞,我们年轻人更应该意气风发。"

冬日里,我穿了一件玫红色面包服,学校里的男女老少人见人赞,他们说,亮色衣服真养眼。谢谢他们的鼓励,这让我总想以明丽的"多巴胺穿搭"和满脸笑容,去点亮每一个"快乐因子",带给孩子们热情与活力。

今年春天,我准备穿红棕、卡其、浅咖、米白等美拉德色系的服装。这个色系包含的心理学元素是温柔、细腻、踏实而治愈。毕业班的孩子们一定很需要吧!哈,衣服已经备好,静待春天到来。

班主任积极的状态,也包括主动解决问题的态度。期末,两个大个男生不好好复习,我点他俩上台。他俩写得很糟糕,我没批评,只告知他们,还是一样的内容,第二天继续提问。有了具体时间和具体任务,俩孩子认真起来。孩子哪儿做得不好,就让他做呗。不纠结于他做错了什么,而致力于引导他做对什么。不把时间浪费在批评上,而把时间运用在建设上。第二天再次提问他俩,俩人都有进步。后来,我又发现了和他们一样的贪玩小孩,如法炮制,完全可行。就这样,不疾不徐,不骄不躁,我们把复习玩起来咯!

复习过程中,多门功课交织,自然会遇到棘手的事情,班主任不畏困难,不怕失败,主动攻关,以软实力解决硬难题,必然会对学生的复习状态产生积极影响,成为学生成长的新动力。比如,我们班某一科成绩落后,我采取了"四向汇总法"——积极联络任课老师点拨、学法研讨会统筹、课代表提问、优秀学生示范,最终成绩得以提升。学法研讨会也得其精髓,再遇问题,都能四方借力,攻克难题。

总之,要实现师生之间、学生之间、学生和学习内容之间的交互。我2024

年初在新加坡国立教育学院听洪化清教授的讲座，他说："有人看微信，看微博，就是来看评论的，其实大家感兴趣的就是互动。娱乐都可以这样干，枯燥的教学为什么不可以？"他的话深入浅出，也引人深思。

（二）作业自主

一次，检查孩子们的作业时，我发现有人没写完。我没有责备孩子，而是先做了自我省思：我布置的作业是否适量？答案是适量。进一步调研发现，各科作业量不多，然而，叠加起来就超量。若是强令补齐，他不走心的话，也没多大意思。

于是，我跟孩子们商量："语文这一科咱不让课代表检查作业了，行不行？前一天的作业，我第二天要讲，你不听天书就好；如果你看一眼就觉得这道题会做，不做也行。或者只在作业上做些思路标记。或者你太困，只看了看题目，做了相应的思考，也行。你觉着方便、可靠，有安全感，不怕考砸，就好。教育的最美生态，不是你们被动接受教育，而是主动自我教育。希望你们从我这里毕业的时候，是懂得自我教育的人。"我的放手，非但没让孩子们玩傻，反而让他们有更多时间探索，主动拓展学习空间，教室、走廊、小径，都有他们交流碰撞的身影。几乎每一个大课间，到办公室问问题的孩子都要排出像蛟龙一样的长队。

作业自主，也是一份人文关怀，致力于帮助孩子储备能量。当然，作业自主不是撒手不管，而是高阶思维：课堂多提问，课下多交流，让孩子学会学习，学会调节，主动成长，这比每天按部就班地查改作业难多了，也有意义多了。这是对人性的尊重和解放。把学生当作共同创造知识的合作者和小伙伴，师生都是受益者。

作业自主的前提是，班主任充分了解学生，信任学生，学生懂得老师，师生心意相通，学生有自主成长意识，班风学风良好。建议读者诸君尝试。

（三）心情喜悦

一天下午，课代表小白来我办公室拿作业。

他好朋友小乙也跟着来了。小白指着小乙说："老师，这位是想来蹭吃的，他说他饿！"

小乙笑眯眯地说："我只是来看看有没有吃的。"

我办公室还真有小零食。我把零食递给小乙。

他没有急于去吃，而是关切地问："老师，您吃什么？"

于是，我们三个，打开那个小小的袋子，开开心心地平分着小零食："你一个，他一个，我一个；你一个，他一个，我一个……"

俩孩子吃到了小零食，补充了能量，精神抖擞地跟我告别："我们回教室复习啦！老师再见！"心喜悦，心安宁，复习没有那么水深火热。

当年，我女儿偏科，理科几乎都是满分，文科在初三下学期还弱不禁风：道法满分 100 分，她得 47 分；历史满分 50 分，她得 37 分。

我与她同行上学放学，假装一脸茫然，向她求教："呃，那个辛亥革命是个什么情况？""嗯，我需要怎样做才能保护知识产权？"

她对我的疑问积极回应，一一道来。忘记了的或者回答不完整的，她就查书。中考时，她道法考了 88 分，历史考了满分。有人说她创造了考试的奇迹，我要说，这不是奇迹，是常态。

所以，不要整天训斥孩子"你怎么不抓紧时间复习"，不要一味要求"复习，复习，这次一定考到前十名"，而是要陪伴并且参与孩子的复习过程，既要因材施教，又要探索适合整个班级的教法、学法。

我信奉一个准则：考前不添堵。心情愉快的孩子，不内耗，没杂念，更不想着和老师对抗，那他的心思就只会用来复习咯。

某天，遇见一个往届学生的妈妈。她儿子七年级时成绩比较弱，我们陪伴了三年，直到九年级才变得优秀，考上了理想的高中。孩子到了高中就更优秀了，在年级里名列前茅。然而高考前一周，他乱了方寸，心神不宁，高考成绩是高中三年最差的。

我分析，这个孩子骨子里是不自信的。我们费了不少力气帮他建立了自信，然而，这种自信并不牢固。高中时无人懂他，高考前的焦虑和慌乱无法释放，这直接影响了他的高考成绩。

我因此而思考了好几天。怎样才能培养孩子的自信心和开放心态，又不至于姑息迁就他的错误呢？我想，就是从孩子的立场出发，温柔而坚定地指出他的错误，限时整改，改完过关了就翻篇儿，不存偏见，只点亮他的内心，帮助他找到学习的乐趣，笃定学习的信念。这看似毫不起眼的小方法，何尝不是教育的大智慧呢？

复习时，让小赵同学板书，他错了好多，我批改时也有一处疏漏。孩子们指出来，我纠正，并自嘲："一个犯点错误的老师才是合格的老师，一个犯点错误的学生才更加可爱。"

孩子们趁机调侃："哇，杨老师，您不仅是个合格的老师，还是优秀的老师；小赵同学，你好可爱哦！呀，又错了一处，你更可爱了哇。"

哈哈，我的自嘲是孩子们快乐的引爆器呀！看似是闲话，实则是调节。法国作家贝尔纳·皮沃在《生活还在继续》里写道："好心情、笑容、嘲弄、自嘲都是有用的良药，我只能证明这些东西能让人更长寿，但显然，它们也能使生活变得更加轻松，不那么让人忧心忡忡。自嘲是营造好心情的一个方便的办法。"

（四）缓解考试焦虑

考前，大家多有焦虑。有时候老师说话欠考虑，有时候学生对抗不克制，这不仅带来激烈情绪，还会影响复习效果。如何缓解焦虑？我常用六种方法——

1. 行动限定法。在限定的时间内，完成限定的复习任务，到时间就收，一秒钟都不耽误。收了就批改，改了就评讲，讲了就归纳总结做题方法。这有利于培养孩子的专注力。趁着热乎劲儿，所有人专注于一件事，学会，弄懂，提炼，升华，学得牢，记得清。

2. 自我暗示法。考试赢家都说："树立考试信心，平和考试心态。"所以，在复习最紧张的时候，一定要减少批评，要加码传递考试的信心。复习期间，我经常会告诉孩子们："今天你们的做题速度提升啦！""你们在课堂上的反应好敏捷哦！""这不仅仅是一个想法，更是一个创意！"孩子们的眼睛里星光闪闪，自信满满，他们也会告诉自己："嗯，今天我的思维很敏捷。""今天我学得很轻松。"这样的孩子，自然不会被考试消耗情绪咯！

有个女生，缺乏动力，内耗严重。我就跟她约定，每天晚上临睡前给我发微信，分享她当天最得意、最开心、能让她笑得出来的一件事儿。一天晚上，她发来这样的语音：

杨老师，晚上好。今天有非常非常多开心的事情呢。下午第一节是美术课，老师给我们放电影看，很轻松。第二节是体育课，我去垫排球，1分钟我能连垫19个，我以前连一个都垫不了，今天我真的非常非常开心。我垫完排球之后就回班了，我们还看了一会儿《小马宝莉》，还有《芭比之梦想豪宅》，我小时候特别喜欢看它们。我就一边看一边和同学聊了很多。今天我还和爸爸一起去买了喜欢吃的零食。晚上我还吃了半个西瓜。出去打印生物作业的时候，看到了落日。前几天的天气不好，一直都没有看到夕阳，今天我看到的天特别好看，我拍了一张照片，分享给您。

我约她分享一件笑得出来的事，她却分享了七件，又附赠了一张特别美的夕照图。听她的语音，每一个字都透着喜气。她的七件事，没有一件谈学习，谈分数，然而期末考试，她却从中层生跃至班级第六名。这就是自我暗示的力量。

进入九年级，课程容量、难度都比八年级时大，进度也快，加上暑假一个多月的放松，有不少孩子招架不住，她是其中最突出的。九年级第一次考试，"咔嚓"一下，她从前六名退到倒数第三。

我侧面找她的好友了解情况，她的好友说："她现在有些自卑和麻木，感觉自己不会考好。"

她不去想怎样才能进步，偏偏反复告诉自己："你不行，你考不好！"这是典型的精神内耗嘛！于是，我再次跟她约定，每天睡前跟我交流一件她笑得出来的事情。我星期四跟她约定的，她点头，微笑，表情有点牵强。当晚没有收到她的分享。星期五我问她原因。她支支吾吾，说全天都没有开心的事。这明显有点不作为嘛！

我说："咱们的生活中或许没有大欢喜，却总归有点小喜悦。咱再找找积极的情感体验？"

星期五的夜晚，她依然没有发来；星期六的夜晚，她发来了。

她这一天有两件事笑得出来：一是周六睡了一个好觉；二是出去打印历史资料的时候遇见了同桌，超开心。

后来她每一天都有笑得出来的事情，或者是一天的学习计划全部完成，或者是作业首次得了 A^+，或者是与同学们一起唱了好听的歌，总之，她在暗示自己，今天过得有价值，明天值得期待。她从一株无精打采的小苗长成蓬勃向上的小树。再次考试，她进步了 23 名。是的，暗示的力量就是这么强大。

3. 兴趣调整法。在紧张的复习时段，很多孩子会忍痛割爱，停掉自己感兴趣的事情，全力以赴地去复习。其实，这不是最好的选择。因为日复一日地做题，会让生活一成不变，枯燥乏味。紧张的复习之余，把自己感兴趣的事情当作润滑剂，日子会变得顺溜。比如，在学校学了一天，回家弹弹琴，唱唱歌，画幅画，日子就还是美美的。当然，这个时段，复习功课为重，这些感兴趣的事情只能充作调节剂，要缩短时间，最好控制在 20 分钟之内。我们的尝试还是很成功的，比如：小阿郑是我们班的画家，听写的空当，随手画两笔，一个小人儿就跃然纸上，让人赏心悦目，她本人也心旷神怡，复习备考不再是硝烟弥漫、剑拔弩张；小菲在月历上标明她的大事记，关于考试、关于友谊、关于世界读书日、关于星座命理——既心怀天下，也有少女心思，她是一个完整而幸福的人。在紧张的复习间隙，保持一颗从容愉悦的心，分数不会差。

4. 睡眠调整法。合理的睡眠是良好复习效果的保证。越是复习紧张，越要保证睡眠。睡得好，才能学得好；睡不好，也学不好。这个无须多言。睡觉就睡觉，不再想学习，入睡快，精神好。

5. 运动调整法。运动能够消除导致情绪紧张的化学物质，使肌肉疲劳，放松神经。比如，小姬是个篮球迷，有段时间连续上网课，不能出门，更没法打球，这可把他给憋坏了。复课以后，他一到大课间就在球场飞奔。意气风发的少年，学习状态也生机蓬勃，并明确表示将来考某顶级大学，发扬"为祖国健康工作五十年"的体育精神；昭元以前是个小胖墩儿，后来在好朋友小白的带领下，爱上了长跑，复习期间也没有间断，他瘦下来了，学习成绩也突飞猛进，和小姬一样跻身佼佼者行列；小白更是把体育精神与复习状态融为一体，考了全班第一名。爱运动的孩子还有很多。他们在紧张的复习过程中都没有中断运动。运动是一种智慧，健康的运动方式，是优异成绩的助推器。

6. 放松调整法。这一点我深有感触，最忙碌又最没有思路的时候，就听轻松音乐，漫步、品茶、浇花、做卫生、深呼吸、叩齿、回忆成功往事，跟家人逗乐，或独自微笑、大笑、笑了又笑……我就会在某一个瞬间豁然开朗。以此类推，孩子们也是需要放松的。我总在孩子们复习最紧张的时候，为他们敞开办公室的大门，接纳他们来聊天、玩耍，倾听他们的心声，以轻松诙谐的语言开导他们，欣赏他们，给他们出主意。我办公室的对面，是驻守单位的武警练兵场。女生们常来趴在沙发上观望武警训练，她们调皮地向对面喊话："兵哥哥帅！兵哥哥帅！"然后朝着我欢快地叫起来："老师，老师，他们看到我们了！""咯咯咯"，女孩们的笑声动听得像银铃。这就是传说中的小迷妹吧！笑过，闹过，回到教室复习，会格外安静。

放松调整法也包括重新评估，降低期待。比如梓榕每天都来接受我的提问。刚开始的时候，每次都能看见他的进步，时间久了，他就有点扛不住了，错别字连篇。于是，每天下午大课间的40分钟，我抽出15分钟，约他到办公室，给他听写8句话。他完成得好，我批改得快，我俩都有小欢喜。他的坐姿越来越端正笔挺，人也越来越自信，学习也越来越专心。我也不止一次夸奖他字写得很漂亮。他以前都是一堆字挤到一起，挤成一团麻，现在是规范工整，似群蚁排衙。这些情况，我每一次都拍照分享给他妈妈。他妈妈也更坚定帮助他树立成长的信心。期末考试他有了几十分的进步。

我问他："我每天只用15分钟给你听写8句话，陪你完成的也只是最基础的学习任务，总时长不过14天，我并没有为你做更多，你为什么进步这么大？"

他略加思索，侃侃而谈："第一点，杨老师您虽然给我听写的只是8句话，但是您对我很宽容，我不会写您也不着急，不批评，而是给我时间让我对具体的题目再复习，这很有针对性。说实话，很多答案都是当时勉强过关。晚上回到家，我会主动复习，不仅复习那8句话，还复习跟它们相关的每一篇课文，我复习的知识面自然就大了，这时我就有信心了。我每一天离开您的办公室，都认为自己能考好。第二点，您还说我的字也写得好，我就更有信心了。连老师都说我的字好，那就是真好！第三点，您很温暖，您身上散发着母性的光辉，跟您在一起，我焦虑的心变得安静了。"

只要我们有耐心陪伴孩子，找到适合他的教学方法，他就能或多或少地进步。比如梓榕，他全面塌陷，那就从最基础的古诗文默写开始，每天只听写8句话，匀出小时段，完成小任务，解决小问题，让心情轻松起来，进一寸有一寸的欢喜。这样，他学习的主动性就调动起来了。他之所以取得很大的进步，就是因为我给的任务少，用的时间少，定时定量，心里不急，但他捕捉到的信心足，主动学习热情高。决定考试成绩的，不仅是知识，还有情绪。拥有好情绪的人，一心向上；拥有坏情绪的人，被情绪牵着鼻子走，成了情绪的奴隶，而不是学习的主人。

二、研究合适的复习方法

保证复习质量是考出好成绩的前提条件。我和学法研讨会一起深入研讨，发现合适的复习方法，试用，改进，总结，推广。

在班级复习中，我们研究出三种团队合作复习法——

（一）制订复习计划

复习之前，召集学法研讨会成员商量研讨，明确复习内容、复习时长、复习方法，召开主题班会《如何制订科学有效的复习计划》。让复习有明确目标、整体规划、时间效率需求和前进方向。当然，"计划赶不上变化"，在具体复习过程中，随时调整、改进、优化复习计划，既做到方向明确，又能不断进步。

（二）组长提问式复习法

此种方法，适合文科复习。具体操作步骤：

1. 四人为一小组，组长提问组员，组长相互提问，星期一至星期五进行活动，节假日休息；在组长微信群交流当日提问情况。

2. 每周做一次5至10题的限时练习。练习题目可以是老师出，也可以是课代表出。以语文的古诗文背诵默写为例，练习题可以是整个句子，也可以只是易错字，题型有空白补充、理解性默写和主题性默写，5至10分钟时间写完，自改、组长复核、老师复核，三层把关，既不费时间，又能从中发现问题，指点纠正。分享几个小组长的总结：

6月20日，轩组，第三单元随机抽背。政特别积极，早上就问任务，就是《核舟记》不太熟，但态度诚恳，明天加强学习。葛第一个背的，炒鸡（网络用语，"超级"谐音词，作者注）熟练，对答如流。聂和姬互相提问，姬还是很厉害的！第三单元肯定难不倒拔尖的人才。聂有一点不熟，也比昨天好多了，明天继续努力。媛依旧很熟练，自主背书，态度诚恳，非常积极。总体上今天全组都顺利过关！

6月21日，恒组，十分厉害的是，第一次实现了全组主动背。明天开始，我们要分享一些说明文阅读题的具体答题方法了。

6月21日，端午节，恩组，《核舟记》注释，全员过关，表扬各位的持之以恒精神。祝大家端午安康。

每一个组长都以积极的情绪和过硬的知识带领组员奋力复习。这种状态背后的原因，一是班级氛围好，"笑着"是我们全班的表情和声音；二是对组长们持续培训，师生反复沟通，共同建立了积极乐观的情绪系统。

当然，这需要一个过程。比如，一天早晨，组长小桑悄悄告诉我："老师，我跟小牛说，他如果今天背古诗文熟练，我就买一个面包给他吃。他同意了！"

小牛是小桑的同桌，也是她的组员。为了激励调皮的小牛，她要用美食奖励了。

我看看小牛。小牛也瞪着他的大眼睛看着我，表情严肃。

我说："小牛，我知道你看重的不是面包，是组长对你的信任与期待。"

小牛庄重地点点头。旋即，他进入认真的背书状态，神情煞是可爱。

不料想，夜晚小桑在组长微信群反馈："全组过关，无表扬。好消息：牛早上说他要吃面包。坏消息：牛没吃成。"

也许是恨铁不成钢吧，她又气呼呼地追加6个字："我服了。毁灭吧！"

我理解她的苦心和失望。作为一个高度专注、全力以赴的优秀生，她很善于调动组员的积极性，也舍得花钱买单，豪爽又大方。但是她没有站在背书慢的小牛的角度，适当调整背诵任务，帮助小牛获得成就感。从她反馈的信息看，小牛是过关了的，说明小牛的确是被她感动了，并为之付出过努力。但是，她的"熟练背诵"标准，是按自己的期待而不是按小牛的实际情况制定的，小牛一时做不到。她的高期待与小牛的低成就之间的落差，使她失望。她似乎并不懂得，小牛和她不一样，他的成长还需要时间。此种情况，之前在其他组长和组员之间也发生过。由此可见，构建学生成长共同体，让孩子们一起学习，彼此促进，这是一种好方法，但我们还需要指导组长们，分层次、阶梯式安排背诵任务，必要时可以分解任务，化整为零，持之以恒地鼓励组员，激发组员的学习热情。最有效的复习，不是老师对学生做了什么，而是学生做了什么，那么，我们就建立组长负责机制，定期召开例会，提升认知，研讨方法，优化效果。建设温暖友爱、人文关怀的学习团队，是要下狠功夫的。

（三）课代表指导复习法

此种方法，适用于所有学科的复习。比如，地理课代表小桑这样给同学们发布通知：

同学们好，今天地理复习主要是提出自己不懂的问题，大家商讨解决。我们解决不了的，课代表整合后发给老师，由老师指导。考试在即，请同学们认真准备，老师发的地理材料多看看，多理解，不懂就问。欢迎研讨，鼓励争鸣。预祝大家考试顺利。

物理课代表小吉则充当小老师，把考点给同学们概括性地讲了一遍，连题型都清楚明白。他干着课代表的活，操的可是老师的心。将近800字，他写了一小时：

同学们好！期中考试，咱们物理学科的复习重点以及注意事项如下：
1. 填空题：要用物理术语答题，关注课本中的黑体字和章末"学到了什么"。
2. 选择题：第一，审好题，看清楚是让选正确的还是不正确的，是单选还是双选，大题号后有说明。第二，既要重视第一印象，又要克服思维定式。第三，时间上要控制在10分钟以内，千万不要纠缠某一道选择题而没时间做后面的大题！

3. 作图题：审清题，不漏问，作图保留痕迹和依据。有像则像与眼相连，且看谁发光，完善光路图！利用光的反射定律和折射规律作图，画法线且标直角符号！用铅笔、直尺、量角器或圆规画图。光线每到一种介质中，都标箭头表示光的传播方向。虚像，用虚线连接像中各特殊点！

4. 实验探究题：明确实验目的（往往题干中的第一句会提及），顺水推舟写实验结论！多次实验的目的，初中阶段只说两个即可，一个是求平均值减小误差，如测量课本的长度需要多次测量；另一个是寻找普遍规律，即让实验结论具有普遍性，如探究平面镜成像特点需要多次改变物距。实验探究题重点考查提出问题的能力、实验设计的能力、分析论证的能力、评估的能力等。实验探究题的设计、分析论证（得出结论）会渗透科学研究方法，如控制变量法（凸透镜对光的偏折程度与哪些因素有关：在直径相同、材料相同时，凸透镜的焦距越小，凸透镜对光的偏折程度越明显）、转换法（利用喷洒水雾的做法显示出光路）、推理法（理想实验法）、类比法（声波与水波类比来理解看不见的声波）、模型法（光线是实际光的模型）等。请重视对平面镜成像特点和凸透镜成像规律等实验探究题的复习和总结提升。

5. 综合应用题：既是题型综合，也是知识和能力的综合，计算过程一定要规范（必要的文字说明、公式、代入单位的代入、结果是小数或整数且带有符合题意的单位）、有序（标清小题号）等，都要注意！

希望同学们认真复习，考出自己理想的成绩！

细致、翔实、精确，可见课代表养之有素。课代表的素质，不仅仅是老师培养起来的，也是学法研讨会自己培养起来的。

三、研究考试过程

考试不仅仅是分数呈现的结果，更是一个成长过程。这个过程，丰富、曲折、神奇，是值得付出心血潜心研究的。

第一，反复研读课标。新课标强化了课程育人的导向，研制了学业质量标准，细化了评价与考试命题的指导意见，是试题命制的指导性文献，在复习期间，班主任要联合任课老师认真研读并运用。

第二，反复研究试题。试题之中有素养，试题之中有规律，试题之中有秘笈，试题之中有成果。毕业年级研究近五年试题，其他年级研究近三年试题，反复且持久。具体方法：就其中一套卷子，学生做题，批改。修订时要查找错误原因。通观全卷，师生研讨，谈所见、所答、所疑、所获，总结出考点、题型、分值、答题技巧、注意事项等等。也就是说，先学后教，先做后改，不要搞题海战术，而是要把一套题吃透，再把三五套题进行对比，发现其中的重合点、变化点，搞明白同一个考点到底有哪些问法和答法。宁可为挖掘一套题而花费心血，也不能把时间赔进题海。沉溺题海，大海捞针，徒劳无益。有歇后语为证：大海捞针——枉费心，大海捞针——一场空，大海捞针——无处找，大海捞针——难上难……只有吃透了试题，才能实现知识归类，技能提升，做研究型应试者，不做机械重复的考试机器。

第三，关注每个学生的程度与状态。每个学生都不一样，但每个学生都需要关注。不强求人人优秀，只力求人人向上。作业面批，是复习的好方法。当面沟通，深度交流，效果不是一般的好。然而，面批作业是一项工程，不要一次性全部面批，分批进行为佳。十天之内，保证和每个孩子"私聊"一遍，这就摸清了学情。了解学情是因材施教的根本。否则，教育就是缘木求鱼。许多年来，我都有一个习惯：考前给每个孩子面批一次作文，给予专属指导。中考之前面批三次。这可以保证他们即使遇到考试难题也不惧怕，即便最后写作文的时间太过紧张，有这三篇作文托底，就有逆袭的机会。我不押题，但我考前指导的是"保命作文"。孩子们也都很相信我,所以每一届学生都考得不错。面批是唤醒,是激励,是引导,也是帮助。面批就是给予学生修正自我、超越自我的机会、勇气和力量,不是把学生叫到跟前一顿责备和怨愤。责备和怨愤是最缺乏技术含量、最苍白无力的教育。

面批作业时,一种说法是:"这道题我都讲过多少遍了,你怎么还是不会!"另一种说法是:"这道题我们学过的,还能想得起来吗?想不起来是吧?那好,去问问你的同桌或者其他同学,然后来给我当老师,讲给我听,怎么样?"孩子讲题,如果老师没时间听,可讲给指定课代表听。总之,得通过当事人的讲解或其他展示方式,检验他是否掌握,掌握得是否牢固。

上述第一种说法是批评指责,令师生都不开心,也没有解决问题;第二种说法,并不严厉,却绵里藏针,咬定青山不放松,反让学生当老师,把问题落到实处。面批的目的,不是让孩子知道自己错误多多,而是让孩子明白自己哪对哪错,乐意纠错,品尝进步的喜悦,积极去做新的探索和尝试。

有一个秋夜,我在楼下散步,遇见一对母女练习跳绳。女儿上九年级,次年4月就要体育考试了,跳绳是必考项目。妈妈陪她下楼来练习,掐着秒表给她计数。

对于跳绳,女孩似乎还不得要领。于是,妈妈除了计数,不断督促和提醒:"腿,腿,腿,直起来!速度,速度,速度,提上来!你看你,还是老毛病!"

着急起来,她叫停女儿,亲身示范,但效果并不好。

孩子越跳越没劲儿,脾气倒是越来越大。妈妈掐表慢了一点,她就不耐烦地催促:"哎呀,你快点!"

然后,母女俩草草收场,不欢而散。

被全盘否定的人,多是焦躁不安的。如果妈妈把女孩的不足分解开来或许会好点。比如,她不必连珠炮似的又是说腿的问题,又是说速度的问题,又是新旧问题叠加起来,这对初学者是挫伤,女儿会觉得跳绳好难,拒绝探究和寻找窍门。妈妈可以先说腿的问题,女儿有进步就及时肯定。腿练合格了,再练速度；速度上去了，再处理各种即时出现的问题……把问题分解开来，各个击破，这需要花时间，绝不是一个晚上就能全部解决的，能一晚解决一个问题就成。人的成长，哪能一天完成呢？慢下来，不要急于求成，不要万箭齐发，女孩的跳绳关一定过得去。这和面批作业是一样的道理。

第四，体现人文情怀。善待考试，但又不囿于考试，既脚踏实地搞好眼前教学，也得瞭望到无穷远的未来。把等待、信任、尊重、鼓励这些人文精神，贯穿教学的始终，让孩子有考试信心、做题方法和调节能力。把考试过成寻常日子，让考试焦虑症无处安身，这应该成为一个课题。

就如同十个手指不一般长，人的成长也不可能千篇一律，千人一面。成长的脚步有快有慢，等一等慢行的孩子，不要仅爱他的考试成绩，更要爱他整个的人。着眼于未来发展，能让孩子努力前行；只顾眼前成绩，会令孩子心忧胆寒，望而却步。拉一把，扶一程，以积极健康的心态对待考试，对待成长，是教育之路上动人的风景。

四、建立科学的评价观

邻居的儿子，前年高考过二本线，没走。复读了一年，去年超一本线3分。一家人心里五味杂陈。首先是孩子，检讨说，没考好。其次是大人，感觉这个分不好。他们又询问了其他几个亲友家孩子的分数，有人比他好很多，有人不如他。

我给邻居提建议："停止孩子之间的比较吧！您看，他已经过了一本线，他如果还不如之前考得好，不也是您儿子吗？不管他考得好还是考得差，他都是您儿子，您都得爱他。现在首要的任务是查询相关资料，看看孩子报哪所大学，尽量不要报亏。本科生念的多是通识课，所以关键是选择孩子喜欢的城市和学校——这是他的人生，父母不要把自己的意志施加给他。孩子喜欢、有兴趣，才能有所创造。梁启超家九个孩子,有'一门三院士,九子皆才俊'的美誉,其秘笈就是,他从不在乎热门冷门,只是重视孩子的兴趣,尊重孩子自己的选择。他的二女儿思庄,是他帮忙选的生物专业,思庄后来去国外留学,爱上了图书馆学——这是多冷门的学科啊,但梁启超支持。后来,思庄成了图书馆学大咖。眼下,最重要的是,陪伴孩子选择他想去的城市与学校,先进去,大学都有开放的胸怀,只要孩子愿意学习,都有不断成长的机遇。毕业后,他要么参加工作,要么读研、读博、出国留学,有多种成长途径呢!人的一生都在成长,不要把高考当作终点——正是因为把高考当作终点,才有一些人一进大学就找不着自己,停滞了成长,甚至倒退。高考只是成年后的一个新起点。大学是丰富多彩的,是需要继续奋斗的。在大学逆袭成功的人,比比皆是。"

建立了这样的评价观,我们就不会总怪孩子不够好,或者担心孩子发展不好。科学的评价观,衍生好的评价方法。将考后评价与生活本身融为一体,是一个很不错的方法。

期末考试小白考了第一,我在水果店门口遇见他妈妈,买了些水果托他妈妈带给他,然后给小白发微信:"小白,恭喜你考出好成绩。我让你妈妈给你带回去一点水果。特别说明,我奖励你,不仅仅是因为成绩好,更是因为你自主学习,积极成长,同时带动一众同学热爱学习,坚持跑步,强身健体。"

小白不仅自己优秀,还看到了好朋友的进步,他回复:"谢谢老师鼓励。恒同学这次也进步巨大,可喜可贺。提前祝您新年快乐!"

关注孩子的成绩,但要更多评估学习态度、学习方法和学习能力。成绩不是一成不变的,会有浮动,但持续优化的态度、学法和能力,足够支撑他走得长远。比如小白主动学习。他是课代表,每天课后的语文作业都是他去甄别、筛选、过滤、修改,再发布出去;他花很多时间跟老师探讨,给同学们整理、打印复习资料。又如他把知识与生活勾连起来。我委托他组织辩论赛,他拟定了大家喜闻乐见的辩题"青春期可以谈恋爱吗?"和"我们所学的七门功课都有用吗?",比赛现场高潮迭起,下课了同学们还意犹未尽。再如他每天早晨坚持跑步，还带动同学们一起跑。和他一起跑的昭元、恒、熙晨、小葛，都跑出了精气神，考出了好成绩。从这帮孩子的成绩去看背后的原因，那就是把跑步上持之以恒的毅力迁移到了文化学习上。他考第一的另一个原因是受限少。他爸爸妈妈工作忙，根本顾不上管他，这反而给了他自主空间。他不上任何补习班，纯粹是靠自己思考和练习。爸爸妈妈对他管束少，但并不是不闻不问，而是热情支持，比如他每天跑步，妈妈就会给他准备一个便当盒，煎饺、包子、馒头，美食繁多。喂饱他的胃，安抚他的心，他学习就有定力。总之，他的成绩不是题海战术拼出来的，不是父母逼迫出来的，是顺其自然、水到渠成考出来的。父母好好做饭，孩子成绩领先，亲测有效，经得起考验。朋友们可以拿来跟学生家长分享。

新时期的评价，万不可只看一时一次的分数，而要有终局思维、长远目光，从好分数源头的态度、方法、能力入手——这是孩子学习的"吉祥三宝"，能激发他们终身学习的人生信念。

学业评价的目的是激励、推动和托举，不是对比。

放学路上，看见一个考得不好的女孩。我走上去，挽住她的胳膊，询问失利的原因，指导她改变学法，端正态度，约定下次考好，不然还要挽着她走得更远。

她很不好意思，斩钉截铁地说道："下次一定考好！老师您等着吧！"

隔天早晨，我早早来学校上班，走到地下车库的门口，恰遇她存车出来。一见我，她便欢快地笑啊笑，青春飞扬的脸上，被晨光镀上美丽的光晕，妙不可言。

我问："为什么笑得这样开心？"

她说："来上学遇见的第一个熟人竟是您，太好玩了！"

从失利中走出来，她才更接近成功。

后来，又遇见一个考得更差的。我陪着他，走走，聊聊。不谈成绩，只问他坐几路公交车，是否换乘，坐几站才能到家。

他仔仔细细地告诉我，最近搬了家，先坐公交车，再换乘地铁，需要40分钟才到家。

我说："这么远，上学好不容易，可是你却从来没有迟到过。"

他调整了一下自己走路的姿势，昂起首挺起胸。一个被肯定的孩子，会不知不觉地把自己变好。

过马路时，他在前，我在后。到马路对面，他赶紧回头寻找我："老师，我要坐车了，您要一路向北吗？老师，慢点。"

那一刻，我感到温暖。我没有谈成绩，只是告诉他，他有守时的优点。他也从具体事件中建立了自信。

次日早晨来到学校，他学习并没有长进，甚至在课堂上睡着了。他还是老样子，不，他还不如老样子：他在默写时抄袭，被我发现了。

我没有揭穿他。我不想让一个孩子在我面前千疮百孔，狼狈不堪。我假装没看见他抄袭，只是在他打盹时，轻轻推动他的肩膀。我打定主意，以后会多在他身边停留。

隔天一早，又在路口遇见他爸爸骑电动车送他来上学。

我说："你爸爸9点钟上班，6点多就来送你上学，可见爸爸相信你能学好。你应该对自己有信心，该学的东西好好学，别一到听写就想趁机翻翻书，一抄了之。"

他脸红耳热，"嗯"了一声，算作回应。

他抄袭，其实是对自己缺乏信心。他怕落后，或者想做好。他在意别人的看法，却不能自律。此后，我常观察，总等待，找准时机帮助他。他也获得了小小的进步。教育不是万能的，我没有因为考试成绩而否定他，也算聊以自慰。

有班主任问："我很爱我的学生，总是怕他们受伤害。他们考不好，我从来不批评，而是第一时间安慰他们：考不好没关系的，下次再努力考好。可是，下一次他们还是考不好，这是为什么呢？"

我答："教育爱的内涵非常丰厚，不仅仅是安慰这一种，更何况，您这是一种无原则的低端安慰。"

对于考不好的孩子，可以这样做：

1. 启发。孩子考不好肯定难过。那么，我们可以怀着同理心去启发他们：考不好自然会不开心，但是一味难过，并不能保证下次考得好。最管用的方法是做好试卷分析，找到失分原因，从根源上破解问题。

2. 观察。在后续的教学中，时常观察孩子的学习态度、学习方法、学习效果，最好有简单的图文记录，做到有据可查。

3. 指导。可利用课前、课后、大课间等时段，对孩子的薄弱部分指点迷津，有计划、有步骤、有针对性地带领孩子超越自我，不断进步。

4. 实操。常提问，给任务，让孩子在具体过程中、具体事件里获得提升。

5. 交流。对于孩子的进步，给予鼓励；对于孩子的停步，给予提醒；对于孩子的退步，给予恳谈。特别需要注意的是，恳谈的方式不止一种，口头交流，书面表达，语音留言……可根据实情选择使用。

6. 清单。让孩子以清单形式记录自己的学习过程，包括课内外的学习时间、学习内容、学习态度、学习方法、学习效率。班主任查看清单，具体指导。给予学生实际的帮助，而不仅仅是空头安慰、简单评价，他才会有进步。

一次学业考试，也是一场心灵考验。我们应以科学的评价观，对孩子进行文化素养、心理承受力、心理复原力的培养与提升。其中，心理建设是比考试成绩更有价值的人生财富。

五、拓展多元的评价方式

在考试过程中，要保持平和的心态，不追问，不批评，保证考生吃好，睡好，笑得出来。不要强化考试气氛，这会徒增紧张感。不要孩子考一门问一门："考得怎么样？错了几道？"若是孩子自己主动说，也不要热烈回应，更不要随意谈论，指指点点，只需轻描淡写地说一句："已经考过的不要多想，好好准备下一场。"谈论已考学科，会影响孩子参加后续考试时的情绪。过度自信、掉以轻心，或者沮丧失落、精神萎靡，都不利于后续发挥。待所有学科考完，再行畅谈，为时不晚，刚刚好。

考后拿到成绩的第一时间，不要板起面孔对着孩子"噼里啪啦"一顿训诫，而是要先看试卷，从试卷质量、答题能力、外力因素等方面分析。心里有了谱，再与孩子沟通，才有针对性。

我们常常很不解："这些我们都复习到了呀，他们为什么还出错？"

出错是孩子的权利。即便复习了一百遍，即便他已滚瓜烂熟，他也可能还会出错。所以，平时对孩子充满信心，考试时降低期待，顺其自然。我们要着重培养的，是孩子对待考试的态度与能力：胜不骄，败不馁，有气定神闲的魄力，有重新出发的能力。

木心先生说过："诚觉世事尽可原谅。"老师要有足够的气度，心宽如海。"学生虐我千百遍，我待学生如初恋。"愿考完试的孩子，回家的路，天高地阔，云淡风轻。

评讲试卷时，要关注答题方法和举一反三的考试能力。不仅要表扬优秀生，还要鼓舞进步生，兼顾退步生，关注全体学生，任何一个人都要在我们的视线之内，都住在我们心里。不以成绩论高低，不让分数成唯一。老师的成就，不在教了多少个高分学生，而在有一颗博爱之心，唤醒、激发、帮助每个孩子有尊严地长大，保持学习的兴趣，葆有勇敢探索的心。

考试之后，要做好评价小结。

（一）学生自评报告

孩子是锻炼出来的。给孩子时间，让他们自己去分析、修订、思考。这里，摘录一个孩子的自评片段：

写到作文倒数第二段时，离交卷还有15分钟，我飞速写完，就托着脑袋想一道我拿不定主意的题。想破脑袋它也还是错了。剩下的时间，我在发呆。老师看到这里一定会说："哎哟，你这傻孩子！"好吧，我就是傻，因为发呆而白白丢了分……

这样的自评，是一种自觉醒悟，胜过大人的指点说教。好的自评，是自我教育的新方向。

（二）家长签字与分析

请家长签字，目的不是让他们责罚孩子，而是让他们了解孩子的学业状况并进行分析，以利于家校沟通。当然，不要对所有家长都怀着同样的期待，的确有装睡唤不醒的家长。我们尽力沟通，不必勉强。家校共育，正向行动，主动沟通，总归是好的。

（三）老师共同分析

班主任主动与任课老师交流，查是非，明进退。这是交流，不是问责，目的不是责备任课老师，而是总结成绩，直面问题，调动任课老师的积极性与效能性。

（四）师生共同分析

班主任联合学法研讨会做好各类统计，利用班会召开成绩分析会，奖励成绩优异者和进步者，充分利用PPT、短视频、黑板报，写颁奖辞，发奖状，发电子喜报，并让学生在家长会上做典型发言，增强成就感。

（五）开发多元评价标准

学业评价的标准，不能局限在分数上。有一次考试后，我同时点了七个优秀生上台，他们每个人都有自己的特色。小捷善于写后检查，别人写完都归位了，她还在从容不迫地逐题检查，所以她错误少。菲菲善于批改反思，集体批改时，她总是第一个发现自己的错误。积极纠错的态度，成就了她的优秀。阿童写得慢，准确度高，她的每一笔每一画都落笔成花。小郑有良好的心态，她是绘画高手，若有一分钟空当，就随手勾画出一个小人儿，让人眼前一亮。小杰专注到让人心疼，他写字的时候，很用力。粉笔字本来就比钢笔字要费力气，他不怕，他狠狠地落笔，每一笔似乎都使出了浑身力气。所以，他时常需要甩甩手活动活动筋骨才能继续写下去。他专注于书写，忘了全世界，也忘了自己。昊昊以书写与排版兼美著称，他的字体，他的排版，本身就是艺术品，赏心悦目。阿京以逆袭立足，他本是后进生，但他热爱知识，不断追求，从班级第40名进步到前三名，他写字时非常认真，全神贯注。他个子高，板书时常需要弯腰曲背，像只超大号的虾，他不管这些，只专注于书写本身，有趣又令人感动。

批改完他们的板书，我们召开"优秀是怎样炼成的"主题班会，孩子们畅所欲言，气氛热烈。最后，大家一致得出结论："优秀生的答案并不全对，其优秀的秘诀是：他们在复习过程中认真、仔细、专注，在考试的过程中注重书写与排版；他们善于检查，善于发现错误，积极纠错；他们速度不快，淡定面对；他们竭尽全力，甚至达到忘我的境界。这是最值得我们学习的。"

我们的评价，从单一的考试成绩，转向了学习态度和学习方法等综合性评价，更具科学性。

动态化、过程性的增值评价也值得研究。一次评价，我们设置了成绩优异奖、学习进步奖、最具创意作业奖、最具影响力课代表奖、优秀小记者奖、最具学科融合创意奖、最佳校园剧编导奖、优秀制作奖、最佳男演员奖、最佳女演员奖、最佳配角奖、最佳配合奖、优秀团队奖、最佳提问奖、文明标兵奖、爱心大使奖、劳动能手奖、纪律楷模奖、最美心灵奖、最佳守时奖、家务达人奖21个奖项。这里摘录其中几个奖项的奖状内容：

白同学：

　　优化自己，引领同伴。在第一届魅力课代表评选中，被评为"最具影响力课代表"。特发此状，以资鼓励。

郑州市第十九初级中学八四班
11月22日

郭同学：

　　光阴不虚度，课余做家务。在第一届家务劳动分享活动中，被评为"家务达人"。特发此状，以资鼓励！

郑州市第十九初级中学八四班
11月22日

徐同学：

　　生活有戏，课堂有戏。在第一届云端课本剧展演活动中，被评为"最佳男演员"。特发此状，以资鼓励。

郑州市第十九初级中学八四班
11月22日

方同学：

　　作业即作品，创意即创优。在第四届创意作业评比活动中，你的作业被评为"最具创意作业"。特发此奖，以资鼓励！

郑州市第十九初级中学八四班
11月22日

（六）革新评优评先方式

　　评优评先，改变过去的无记名投票，由大家提名举荐，写出推介辞，规则是：杜绝"唯成绩论"，所有人都有提名举荐和被提名举荐的机会，一为彰扬自己所推荐人选的优点优势，二为表明自己有伯乐一样的识人眼光，三为锻炼表达能力，拓展人际交往。

我们惊喜地看到，一个平时很少表现自己的潜能生被提名了，因为有一次接空调水的盆"水漫金山"，是他把地面拖干净，并费力把满满一大盆水倒掉；班级最坚挺的"钉子户"被提名了，因为他曾冒酷暑顶烈日为所有人复印学习资料；往日喜欢搬弄是非的女生被提名了，因为她默默为班级办了整整一个学期的板报；不可一世的"公子哥"被提名了，因为他改变了自己，学着平等沟通……我静静地观察提名者和被提名者，他们的脸上微微泛着红，眸子闪烁着兴奋的光——有什么比得到集体的肯定、动态的评价更让孩子感到满足、喜悦和幸福的呢？有什么比让孩子自发弘扬正气更强大的呢？这不是比苦口婆心地说教更好的教育吗？

我们把这种方法叫作"提名式评优评先法"。孩子们的提名辞还是很有文采的，如："你让文字在笔尖开花，你让语言在纸上舞蹈，你让生活在指间歌唱，你就是我们的小作家——逗豆。"

对学法研讨会的颁奖辞是："有位又有德，你们是一群优秀的少年。班级发展、个人成长，你们一肩挑起。嘈杂的人群中，没有你们的身影；默默付出的队伍里，绽放你们的青春。付出就能突出，努力就有实力，为你们的智慧引领和无私奉献鼓掌！"

颁奖典礼邀请学生家长代表参加，非常隆重。老师、家长、学生三位一体，也是家校共育的好时机。

生活还在继续，未来还需成长。考试过后，学法研讨会在黑板上写下激励语："不应该总是纠结于这次成绩吧？或许你创造了高光时刻，但那已成历史，今天又是新高地；或许你曾陷入困境，亦曾逃离；或许你曾被打倒，身陷谷底；或许你曾迷失自己，当下正是适合找回自己的好时机，奔向未来去创造奇迹。"

激励语很押韵，读起来朗朗上口。更重要的是，孩子们自觉前行的意识和饱满的精神状态再度开启。这种弹性十足的精神力量，锻造出最美的青春。

总之，成长评价涉及内容甚多，也应该考虑到社会和文化等因素，综合学生的全面素养予以评价，重过程，看未来，多元化，动态化，避免单一化和同质化，允许差异化，允许学习能力和学习方式的差异，着眼优势，扬长避短，持续优化。

特别需要注意的是，在人工智能（AI）和大数据为我所用的时代，我们的评价路径更多样，更便捷，也更应该了解并关注教育伦理与道德问题，谨慎严密，确保学生的隐私和权益得到保护，避免对学生进行不当的监控或评价，造成不良影响，影响学生发展。

第七章 笑着记录

班主任工作是一项富有创意的事业,日常管理中的灵感闪现,及时记录,字斟句酌,是一种工作回顾,也是对专业发展的再思考、新积累。

朱永新先生说："中小学老师，我不大主张去进行对他们而言比较遥远的理论探讨。绝大部分老师的科研，可以是日记的形式、随笔的形式。陶行知、苏霍姆林斯基，他们的主要作品就是教育随笔。"班主任工作专业化，最终要走向科研化。班主任需要从教育事件中，从成长需求中，在灵感闪现时，深入探索，挖掘精髓，诉诸笔端，写文章，写专著，做课题。班主任工作忙碌，很少有时间坐下来，怎样把日常教育变成科研，融入科研，成了一个课题。我经过多年摸索，找到了三种比较好用的方法，与大家共享。

一、日常随笔，生发教育科研灵感

班主任工作是一项富有创意的事业，日常管理中的灵感闪现，及时记录，字斟句酌，是一种工作回顾，也是对专业发展的再思考、新积累。

（一）纸上谈心，让交流更深入

"双减"之后，取消了课外班，孩子和家长开始担忧：到底要怎么做才能考进理想的学校？有些孩子购买了大量复习资料，疯狂刷题，以至于在课堂上也见缝插针写作业，搞得本末倒置。如何帮他们厘清概念，找到方法，不是一两句话说得清的，那么就认真想一想，以书信的方式来谈心吧。

亲爱的孩子们：

首先要表扬你们。九年级开学以来，你们状态非常好，学得也认真，教室里每天都洋溢着秋天的丰收气息；每次下课，我都舍不得离开，就想留在教室看你们笑、看你们闹、看你们商讨、等你们来问问题。如果这种状态持续到明年盛夏，那我们的未来将是枝繁叶茂，硕果累累。

可是，并不是所有的事情都这样按部就班。昨天上午第一节我上课的时候，就发现有人在课堂上奋笔疾书写作业。

下课后，我把当事人找过来交流，询问他们上课写作业的原因。

他们说："想抓紧时间在学校把作业写完，晚上回到家再写自己买的卷子。这是过来人传授的经验，想考上好学校，必须多刷题。"

这是目的明确的一类同学。还有一类同学，根本就不知道自己为什么赶作业，他们是看见别人赶，自己也赶，在他们看来，作业早写完早了事，至于课堂又学了哪些新知，生出了哪些乐趣，有哪些创造，他们可不管。所以，作业写完了，到头来啥都没学会，出力不讨好，劳而无功。这样盲目跟风、搬起石头砸自己脚的行为，真是太令人心疼了。抱抱他们！

那么，孩子们，我们应该怎样过好九年级呢？我谈一谈我的几点想法。

一是认识课堂学习的重要性。课堂上的每一分钟，都比金子更珍贵，专心致志，心无旁骛，吸收、消化、创新，才是正道。二是明确作业的意义。高质量的作业，是为了巩固和创造；低质量的作业，说白了就是一根拴娃绳，固化思维；每天给学生布置作业，也算是老师给自己的心理安慰。三是应对升学考试，并不是刷题越多越好。题海水深，容易溺水，探索好的学习方法、掌握学习规律，劳逸结合，心态平和，持之以恒，才是制胜法宝。

基于此，跟大家确认几件事情：

一是狠抓课堂。课堂上学有所得，创有所成，作业不写也罢！孩子，如果你们当堂课已经掌握全部知识，能够触类旁通，举一反三，经得起老师提问，可以申请免写作业；相反，如果当堂不听、不学、不思，只顾写作业，那还不如不写，也落得清闲。思维狭窄、盲目蛮干比无所事事的危害更大。二是不要听信谣言，相信什么"毕业班就是在刀尖上行走""要想考出好成绩，就得拼命刷题"的害人言论。孩子，请你们记得，任何时候都不要陷入"内卷"怪圈，"内卷"是团队内部一种不考虑自身特点、不遵循成长规律、不让自己好好过日子的无秩序、非理性竞争，最终害的是自己。三是要相信考学很重要，但它也永远只是常态生活的一部分，而不是全部。好好吃饭、安心睡觉、积极锻炼身体，每一样都很重要。把每一天过好，让每一天充实、饱满、蓬勃，考试成绩不会差；相反，主次不分、超越极限、死打疲劳战，考试时脑袋一定是一盆浆糊。孩子，我劝你们不要人云亦云，不要做考试的奴隶，而要做成长的主人。

请听老师一句肺腑之言：人是要用一生去学习的，而不仅仅是为了升高中这一年去做刷题机器。莫急、莫慌、莫抢，但也莫要虚度光阴，最终一定会有丰硕成果等着你。

这种纸上谈心的方式，正在被优秀班主任广泛运用于教育科研。郑州周佳佳老师的"星火论坛"、开封王南老师的"南姐信箱"、濮阳王红玉老师的"师生共写"、南阳秦守洁老师的"纸短情长"、我工作室黄洁老师的"每周一信"，都给他们带来教育科研的灵感。

（二）小随笔里的大主张

班主任受工作性质所限，没有大块时间写长篇论文，用小时段写点小随笔，也能达到随时思考、随时写作、自我提升的效果。我曾以一篇千字小文，阐释自己的教育主张：

我的"三利""三别"

新学期，我接了新班。开学一个月，搭班的同事告诉我："你们班的学生不仅学习差，纪律也差！"

孩子们要啥没啥，作为班主任，我该怎么办？三年间，我尝试、探索出班主任工作的"三利""三别"。

先说说"三利"。

一是有利于增强体质。对于孩子来说，最重要的不是考试成绩，而是身体素质。有好体力，才会有好精力。那我就从观察学生的体育课入手，走进体育课堂，仔细观察，认真记录，每个孩子的跑步速度、弹跳能力、身体承受能力我都了如指掌。我一方面与体育老师协商，为增强孩子体质"私人定制"锻炼方法，培养健康行为；一方面联系家长给孩子加强饮食营养。我身体力行，陪着孩子参加冬季长跑，我们从冬天跑进春天，成为校园里的一道风景线。

二是有利于优化孩子情绪。拥有好情绪的孩子，一定热爱学校、热爱班级；拥有好情绪的孩子，一定热爱学习、不惧困难、努力向上、善于合作。班主任的所作所为，要着眼于优化学生的情绪。一天早晨，走进教室，我热情高涨地说："今天哪一组扫地？扫得这么干净！请离开座位，在走道上走两圈。"被表扬的孩子，就像明星一样走场、挥手，小伙伴为他们鼓掌。拥有好情绪的孩子，也都是敢想、敢干、敢创造的。就这样，教室的地面越来越干净。又有一天，我早早地来到学校，值日生兴高采烈地告诉我，他们只用了三分钟就把清洁区打扫干净了，因为学校的垃圾桶是带滚轮的，把垃圾桶推到清洁区，就可以减少来来回回倒垃圾的时间。一群连扫地都情绪饱满，都动脑筋想办法的人，干什么事不积极投入、不充满智慧呢？

三是有利于拓展学生的思维。教育的目的，并不仅仅是让学生考出好分数，更要开启他们的好思维。怎样开启好思维呢？我们采取的是课代表负责制，课代表不能仅仅局限于收发作业，还要负责研究本学科最佳学习法。他们需要像老师一样备课，研究学习方案，为优秀生的研究性学习赋能，激发中层生的进步动力，唤醒潜能生的学习热情。如果任课老师请假，课代表要担当起老师的职责。不同的课代表，有不同的教学思维：有的注重自主学习，课代表帮扶；有的对易混点、易错点穷追猛问，直到拨云见日、柳暗花明——不管是哪一种，每个人都是思考者、思想者、有创见者。

再来说说"三别"。

一是别把成绩挂在嘴上。总是找学生要成绩，通常没有好成绩；不找学生要成绩，常常会出好成绩。有人说："好的分数是教育的额外奖赏。"了解孩子的身心特点，尊重教育规律，一切都会好的。

二是别忘记信任的力量。孩子有无限的潜能，给他们一份信任，他们会还我们各种惊喜。多一些自主，少一些束缚；多一些放手，少一些牵制；多一些生成，少一些预设。要允许孩子出错，校园里没有成败，只有成长。信任，自有无穷的力量。

三是别忘记自我濡养。班主任工作是辛苦的、琐碎的，但也是富有创造力的，投入进去，每天都有大发现，每天都有新发明，所以，再忙再累，也别忘记自我调节，自我保护，自我濡养，自我提升。

这篇文章写于几年前，非常短小，却是我"人文班级，一点一滴成故事"科研课题的启动器。或许我们的大脑里有很多教育的理念与想法，但它们多是散乱的，不成体系，写出来就是归纳、分类、凝练、提升，即便是一封短信、一篇随笔，日积月累，也能体现自己的教育特色，形成自己的科研课题。

小随笔，大主张。认真写，常常练，集腋成裘，聚沙成塔。就我们河南省而言，班主任写作这件事，省班主任研究中心给了老师们强力支持，济源的秦望、王磊、侯志强、黄彬涛，郑州的李迪、张建涛、侯巍、吴红霞、贾福霞、孙惠玲、付莉、石晓彤，驻马店的张胜利，濮阳的都娟、李艳丽，安阳的乔朝霞，新乡的王倩、赵方强、张爱敏、任明杰，开封的朱志林，信阳的张雅红，南阳的裴凌霄，商丘的陈红，周口的呼宝珍等老师，利用他们的名班主任工作室公众号以及各种渠道，发布了很多精美作品，给读者带来启迪，在省内外产生广泛影响。

二、微记录，创建教育科研新样式

在当今这个信息化时代，微博、微信等新媒体不断涌现，令人目不暇接。学生对新鲜事物的接受很快，他们对这些日新月异的新媒体的顺应和热衷，给班主任工作带来新的挑战和机遇。如何与时俱进，利用新媒体做好班主任工作，进一步进行科研探索，是一个新的课题。我尝试微记录，略有心得。

（一）实时记录，建立班级发展备忘录

班主任事务多而杂，常常会做了这件，忘了那件；这件事还在做着，那个任务又来了；一个计划落实到一半搁浅了，另一个计划又要制订。做微记录，情况就不同了。

何为微记录？顾名思义，就是非常微小的记录，5个字、10个字、100个字，600字、1000字——这样的文字记录，我们都可以称为微记录。一张图片、一段录音、一个短视频，也可以称为微记录。它非常适合利用边角时间快速记录与备忘。事件、计划、小结、感悟，皆可入笔入镜。记录生活，储存灵感，使其不至于流失。微记录是一个资料库，记录的时间、地点甚至记录工具都可以很具体，这种种的"具体"，他日、他年翻看、研究，都是鲜活的话题、课题。这种极简的方式，简短、易存、更新快、碎片化，无须长篇大论，但之前记录过的内容，若重新翻阅、启用、整合，都非常便捷，因为它具有按时间顺序或提取关键词进行搜索的功能，省去了大量翻阅查找的时间。微记录是忙碌的班主任最方便、最实用的法宝，它以文字、图片和影像为线索，把成长的曲曲折折路，生活的酸甜苦辣味，串联到一起，成为珍珠一样闪光的记忆；为日后教育研究奠基。那时那地，不经意地记录，或许将会带来又一个灵感，又一次发现，又一个课题。长此以往，良性循环，对班级发展起着不可估量的作用，对班主任个人的成长，也是极大的助推。下面分享我的一些微记录。

1. 微型叙事。

12月27日开门七件事：
（1）早晨，见黑板一角生活委员阿佩写着：昨日水桶的水洒了，有可能结冰，请大家注意防滑。
（2）后面黑板上不知谁画的星星和月亮，惟妙惟肖，照亮新的一天。
（3）阿婧的桌角放了一支绿萝，涌动着蓬勃春意。
（4）阿涵跑到餐厅门口，为老师打来两杯热水。
（5）讲台上阿元在领读，教室里书声琅琅。
（6）课代表阿静本不该今天值日，可她看见同伴没来，自告奋勇把阅读任务工工整整地写在黑板上。
（7）批改作业，瑶瑶在作业留言板上写：老师，天越来越冷了，注意身体哈！我都有一丝丝的感冒了，好难受啊！
这些，都是冰天雪地里浓浓的温暖。感谢亲爱的孩子们！

简单明晰的记录，留下一段丰富的记忆，从美好的环境到热情向上的人，生活情趣，责任担当，师生相处，在早晨被确认，这一天就会过得有意义。教室就是班主任的科研基地，每一件微不足道的事情都有着巨大的研究价值。

2. 学法研讨。

练笔结束，瑶举手，我以为她是想宣读自己的作品，可她说："我对自己的文章不满意，想请大家帮忙修改一下。"同学们热烈回应，你一言我一语，真把她的句子改成了金言妙语。哪怕一种颜色的描写，一个词语的运用，大家都不曾含糊。比如，他们说，形容夏之色，"麦浪"比"麦子"更能体现丰收的金黄。这种互助式学法是今天的新创造：一个人求助，一群人援手，资源共享，场面热烈，你一言我一语，认真讨论，集众人之智慧，聚大家之热情，施助者和被助者都是最幸福的学习者。

一次求助，催生了"答疑解惑、互助成长"这一学法；一个人问，一群人帮，诞生了"学习共同体"这个新的学习组织；群体的参与，让所有人尝到学习的甜头。这条微记录也是我的课题"初中语文教育中学习共同体构建的研究"的源头。

3. 治班方略。

班级管理需要制度，但执行制度必须有积极的情感投入，或关怀，或激发，或安抚，或期待，都能给人带来动力。若只有冷冰冰的制度，还不如没有制度好。我们给孩子们一个冷冰冰的制度，他们就给我们一颗木木然的心。做人的工作，就要有人情味儿。

班级文化是班级的灵魂。在班级文化建设中，如何做到制度文化与情感文化的交融，这是个值得深思的问题。写下这条微记录之后，我特别关注到自己在执行规章制度时的情感表达，比如，不能按时完成作业，我会依据相关制度让孩子留校补写20分钟。我会联系家长，告知孩子行踪，让他们放心。我不能让孩子饿肚子，学校里有我给孩子准备的小点心，放学了垫垫肚子解解饿再写；有时直接请孩子吃饭，吃完再写，孩子会更安定，而不急于草率了事。

4. 教育灵感。

可能是误听，大琳子跑到我身边问："老师，您叫我？"我本想说："没有呀！"转念一想，这样太刻板，不好玩，于是我扮个鬼脸说："美得你！"她哈哈大笑，特别开心。

我就想做一个这样的老师，不受分数压力，不分孩子高低，我们在一起的每一天，老师学生都快乐，都感恩，都认真。

这百余字的微记录，分为两个段落，第一段是微叙事，第二段是微感想，其中有一个词"转念一想"特别重要，这意味着我使用的教育方式属于灵感突现，也是转换角度。一件普通的事，给孩子带来了欢乐。这欢乐就变成了温暖的师生情谊。三年后，孩子高中毕业的那个暑假，我收到她的来信：

老杨，好久好久不见。我是那个一直没能去看您的大琳子。本想着用高中三年弥补中考的失利，风风光光地回学校找您，还像以前一样趴在您的办公桌边好好跟您聊聊这几年。老杨，现在回头看，初中的我还真是一个看不清梦境和现实，空有所谓诗与远方的毛孩。高中的我，常常会想起毕业前您告诫我要腹有诗书，脚踏实地，我比以往长大了一点，终于知道努力的意义到底在哪里，但可能还不够，我可能还没有完全投入，结果也就没能最大限度地实现自我。我被一个东北的学校录取了，说是太远，其实是不甘心，因为那并不是我的第一志愿，所以我开始了复读的征程。说了这么多，原谅我一时间语无伦次，我就是想告诉老杨，不去探望您，不是大琳子的本意。原谅我在高考结束后的如此长假里，也不能去见您。希望老杨依旧元气满满地生活，顺便记得停一停。虽然老杨还是那个闲不下来的小朋友，但还是记得不要让过于繁杂的忙碌影响到您的生活。认真吃饭，好好睡觉，开开心心、漂漂亮亮地等大琳子去看您，好不好？突然又想到您贴着米老鼠贴画的不锈钢茶杯，不知您的声带还好不好，又用它讲过多少文人诗赋，训过多少和从前的我一样的熊孩子？老杨，您可不能忘了我。大琳子的心始终有一块地方是因为老杨才填满的。请您稍稍等待，大琳子一年过后，归来仍是少年！

一年后，我再次收到大琳子的来信：

我的老友杨老师，近来可好？我是大琳子，我回来了哦！我终于拿到了心仪的录取通知书，一年前我跟您保证了，等我一年，等大琳子满血复活归来，现在我回来啦！老杨您知道的，数学足以扯断我总分的"后腿"，这次是语文救了我一命。我高中的班主任说，语言类的学科是要靠日常积累、靠毅力的。可对我这样随性惯了的人来讲，能让我一直坚持的，无非是喜欢。每每回想起来，初中时的每日随笔，不光是我畅意倾诉的乐事，更像是我那段日子的精神支柱；定期的作文评讲，是证明我存在的唯一方式。杨老师，您的出现，在我伸手不见五指的岁月里，在一片混沌迷茫、胆怯孤寂里，不时闪烁着光亮。这光亮，时而温润宽宏地庇佑我缺失的内心，时而闪现在我不知方向的困顿无措里，给我警示，给我指引。您总是能察觉每一个小孩的敏感，抚平我们的炸刺，再用平等和耐心倾注让我们都知道，自己有价值，自己很可贵。不知不觉中，我又碎碎念了这么多。也不知为何，一想到老杨我就开始滔滔不绝，像四年前那样。我总想告诉您，让您知道自己有多好。老杨，很想您。那些说来荒唐的岁月，我一点儿都不后悔。因为在那样不懂事的日子里，我遇到您这样的良师、益友，有幸吐露心事，有幸在迷路以前成为更好的人。老杨，我的好老师，保重身体，享您所爱。只言片语不成逻辑，但老杨一定能懂。

"微言大义"，微记录能给孩子带来成长的美好回忆，也能给老师提供科研素材，积累职业幸福。微记录是神奇的记忆口袋，体量小，容量大，分量重。小案例、小体验、小心得、小感悟，积少成多，时长日久，积攒成大理念。

（二）言简意深，传情达意

我以为，班级工作的核心词就是：关系。师与生、生与生、家与校、班主任与任课老师之间——这关系的网，错综复杂，有玄机，有学问。班主任把这个玄机解开，把这种学问做好，自会形成教育合力，进而建起良好的班风班貌，还能够为自己减压。一举多得，互利共赢。以下分享我关于关系建设的微记录。

1. 师生关系关键词：感恩、包容、信任、期待。

女孩下课找我，说想谈点心里话，可我忙得不可开交，但我不能拒绝，人家满怀希望地来找我，这是多大的信任啊！我说："姑娘，你把想说的话写下来，我明天看好不好？"她高高兴兴地去写了。我一想，呃，她这可不又是一次练笔吗？这比直接告诉她我忙，要好上两倍呢！从对方的角度考虑问题，错不了。

女孩来找我，可见她真苦恼，也真信任我。可是正赶上我忙，不是对的时间，但也不能让姑娘失望心寒，怎么办？换口头交流为笔谈，这样她的情绪有个出口，我也可以继续忙手头的紧急事务，最终我能倾听她的心声，她能得到我的帮助。顾明远先生说："良好的师生关系，是强大的教育力量。"信之。

2. 家校关系关键词：协调、共识、合作、互动。

上课时，小于的水笔突然飞到他左前方的同学那里，引起区域内骚动。
我没有立即批评，而是说："来，把笔给我看看。"
为避免判断失误，凡事都是要先做调研的。
我一看，发现小于真不是故意捣乱，是因为水笔的弹簧失灵了！
我把笔还给小于。
他一个不小心，笔又飞了出去！
我灵机一动："这笔废了！期末考试你要考到前五名，奖你十支笔！"
同学们都怔住了！
小于影响了课堂秩序，我不但没有批评，反而约定了奖励，有点意思！
小陈追问："老师，您奖励的水笔啥牌子的？"
这下我怔住了："水笔不都是晨光牌的吗？"
孩子们说："不不不！好多牌子呢！老师，斑马牌的吧！也不贵，十几元钱一支。"

啊呀，这是挖坑啊！奖励"斑马"十支，那就一百多块啊！

"君子一言，驷马难追。"我一拍桌子，"买！但是，小于，你考不到前五名，你买十支给我！"

笑容僵在小于的脸上。我想，他会努力的。其实，我没有给他定更高的目标。他还考过前三名呢！复习阶段莫贪玩，他能赢！

下课后，我跟小于妈妈沟通，把来龙去脉讲清楚。

小于妈妈说："谢谢杨老师，教育他的方法那么有爱、幽默！"

期末考试成绩出来，小于没达标，我再次跟他妈妈沟通："小于这次没考好，按照之前的约定，他需要给我买十支斑马牌水笔，下学期我想办法让他一支一支赢回去。"

小于妈妈说："昨天他就说该给杨老师买笔了，他还说让我赞助一下，我说，其他的可以赞助，但这个得用自己的零花钱。"

新学期开学后，小于学习非常上心。他的十支笔，我装在上课专用手提袋内，每天拎进教室，随时准备被他赢回去。只是他还一支都没有赢到，也许某天，他会突然大爆发，一下子赢回去好几支呢。如果他两个月都没能赢回去一支，那说明"等他赢"这个方法不适用于他，那我就找到他，跟他一起分析他的突破点在哪里，引导他超越自己，赢回自己的笔。

老师、家长、学生，同在一个"赢笔场"，组成一个良好互动的"关系网"，后续发展值得期待，也具有研究价值。

3.同伴关系关键词：细心、谦和、主动、真诚。

每天早晨，一走进教室，就可以看见这样的场面：孩子们坐在座位上读书，小路老师在讲台上读书，各自专注又相互陪伴。

小路老师是系统朗读：课标、课标解读、课程方案、课本、教参。他读过的文字、圈点勾画、重点标记、批注记录，密密麻麻，却又条理清晰。

他说："杨老师，我就这么读啊画啊，心里就跟明镜儿似的，备课时自然而然对标课标和课程方案，一下子抓住核心素养、关键能力、必备品格，一律从学情出发，得心应手，心旷神怡。"

这让我想起脱口秀女王奥普拉的话："你必须无私地付出，才能获得真正的快乐。"小路老师沉醉于教育事业的精神，时刻打动着我和孩子们。孩子们每每跟我说起小路老师，都夸奖他"有格局"。没错，格局是要靠阅历和见识撑起来的。像小路老师这样，日复一日地自我精进和更新，自然是大格局、大境界，教出来的学生有思想、敢创造。

善于发现伙伴的优势，微言博语，随手记录，增强整个班级的自我认同感、归属感、价值感。

关系，是抽象的东西，是看不见摸不着的网，可是，心到，网就看得见，摸得着，理得顺。人与人之间，彼此的信任、亲近、关怀，是班主任行色匆匆的生活里的一抹亮色，一份慰藉，一种动力。伙伴之间的相互欣赏、补台、借力，也是班主任科研课题的薄弱部分，值得关注。

（三）点点滴滴，记录思考与感悟

微记录，最大的优势就是利用边边角角的时间，记录点点滴滴的感悟，以此养成思考与写作的习惯，从而获得精神愉悦和科研的兴致。这对于班主任来说，非常实用，有记录为证——

1. 生活中的感触。

我发现，每个孩子都爱吃煲仔饭。本学期计划分批轮流请全班每个孩子吃一顿煲仔饭。

第一批先请小组长。放学后和他们聊一聊新学期的新打算，也听听他们的意见和建议。聊天结束，去饭馆。鸿恩没有去吃饭。他说："老师，我就不去吃饭了。禄扬难产,我去照顾他!"

说完,一溜烟儿跑了。这孩子,就是逗,凭空想到个"禄扬难产"的借口。事后我猜想,他不去吃饭,很大的可能是害羞,不适应跟这么多老师和同学一起吃饭;还有一点,组长群里没有他的几个铁杆儿朋友——小行、禄扬、小牛、政霖,他觉得孤单,平时他们五个都是形影不离的。

上学期,他工作出色,我奖励给他糖,他问我:"老师,我能给我的朋友们带几颗吗?"

"当然可以。"我欣然同意。

呼啦啦,他的朋友们像使了魔法一样从门口跳进来。原来,鸿恩进来的时候,他们都躲在门外偷听呢!嘿,这几个孩子,永远都是那么鬼灵精怪。

鸿恩看似是个嘻嘻哈哈、没心没肺、喜感十足的孩子,但其实他非常敏感,害怕被批评,有点"社恐"。

上学期期末考试,他的成绩下降了几十名。他肯定是忐忑不安的。这应该也是他不参加聚餐的原因之一。其实我都没打算批评他。我猜测,他可能是期中考得太好,又得到了老师和同学的多次赞扬,有点飘飘然了,放松了对自己的要求,期末就没有考好。"学如逆水行舟,不进则退",考试成绩的忽高忽低,也是成长过程中常见的问题,反思总结,寻找到最好的成长路径,沿路走去,就好了。

我想,鸿恩不参加我们的聚餐,也源于我跟他和他的朋友们交流还太少。在我面前,小行调皮,禄扬安静,小牛迷糊,政霖马虎。但其实孩子们远不止这一面,他们是棱角分明又多姿多态的。于是,周一放晚学,我给他们安排了"专场",把鸿恩和他的朋友们编在一组,他吃得可欢呢!

在餐桌上,我看见了小牛很慷慨。他想额外要一盘面筋,又不想让我出钱,就悄悄去买来,放在桌子上大家一起吃。

我看见了政霖很勤劳。他跑前跑后给我们每个人盛粥,拿碗拿筷子。

我看到了孩子们的幽默。政霖把粥给禄扬的时候,一向寡言少语的禄扬，瓮声瓮气地说："你今天怎么这么勤快呀？"鸿恩英语不好，选择题只对了三分之一，铁哥们都起哄："鸿恩，人才啊！"

等餐时，我们谈谈理想，说说未来；临别时，我们互相道别，彼此关怀。这是我们吃出来的师生情、学友谊。

我跟孩子们约定，连续六次，或作业优秀，或背诵优秀，我请吃一顿煲仔饭，应该很快就能把每个孩子请到。民以食为天，师生之间，大概没有比共餐更温馨浪漫的氛围了吧。当然，这不是长期饭票，班里有51个孩子呢！我的经济能力也达不到，这只是新学期的一份礼物。不夸大孩子的进步，不催促孩子的成长，六次认真对待学习，就能体验一碗煲仔饭所包裹着的成就感。

毕业班，不是充满硝烟的战场，而是寻常日子，人间烟火。禄扬学习不上心，多次谈心都效果不明显。于是，我"投其所好"，跟他签订君子协定：期末考试必须进步，否则请他全家吃煲仔饭，他爸三碗，他妈三碗，他五碗，吃不完不许走。他忍不住笑起来。哈哈，有一种"惩罚"，是老师请学生全家吃饭，管撑。

当然，师生的沟通，不局限于吃饭。沟通的核心是诚恳的态度和博大的爱心。只要彼此懂得，凉水都能喝出蜜汁的味道。

2. 解决问题的办法。

早晨检查作业。当时，孩子们正在背文言文。他说："老师，昨天的作业我听错了，以为您让背文言文……我没有写……"

我看看他，没有说话，继续检查作业。照他说的话，他昨晚背的和今早背的一样。他在重复劳动。

他是班里最贪玩的孩子之一，三年都是滥竽充数过来的。我帮过他，无奈我教学任务重，他学习任务多，也就帮个皮毛。就这样，得过且过，走到现在。那么，我需要赶紧补救：第一步，不动声色，提问他和雷雷。雷雷也曾经贪玩，后来也学会了主动学习。雷雷也不是最优秀的学生，但他已经走在通往优秀的路上了。让他俩一起，不是为了把这孩子比下去，而是想要告诉他，有人在努力，他做得不够。

提问的内容，是他所说的从昨晚到今早背诵的文言文。他写得一塌糊涂，雷雷有少量错误，二人形成鲜明的对比。我说："下课来我办公室吧！"

他是个不善言谈的孩子，也或者是仅在我面前不善言谈，因为见同学们在作文里写到他很有趣。下课后，他来了，微笑，无言站立。

我说："每节课下课，先安排好喝水或者去洗手间，然后来找我。"

下课后，他又来了，有点不好意思，喃喃低语："老师，我昨晚没背，今早也没好好背。"

课间只有十分钟，下一节是生物实验课，他要从教学楼四楼下去再到实验楼二楼，我考虑到这需要时间，让他去上课。

他同桌在旁边等他。他同桌说："我们一组，需要一起做实验。"

我说："去吧，注意安全！"

他们去上实验课了。我知道，他会认真的，因为他不仅犯了错，还连累了别人。

果然，下一节下课他来找我："老师，我补作业，两遍。"

他是想用主动认罚来换取自由，希望我不要再找他。

有态度，这就好办了。

我说："目的不是让你补齐作业，而是希望你投入地学习。我不罚你。"

他急忙问："老师，我要怎么办？"

我卖了个关子说："下一节课下课再来。"

下一节我在隔壁班上课，下了课早早在教室门口等他。

他的眉宇已经舒展开来。他说："老师，我要好好学习了。我把该学的东西都学会,您提问我吧!"

我说:"我信你。我下午早点到教室提问你。"

他点头,很认真。

我说:"今天只是一个开头,以后再不好好学习,就每节课下课都来找我,一直到毕业。"

他说:"我知道了。我好好学。"

言行一致,毫不放松,温柔坚持,不信东风唤不回。

下午,课前,我到教室去。他同桌看见我,用手肘碰碰他。他们都知道我是奔他而来的。他拿起书走出来。教室门口很冷,我带他到办公室提问。他掌握了百分之九十。

我给他看了上面的微记录。我说:"你的成长故事我已想好了结尾,如此如此,这般这般,就等着你来谱写了。"

他笑而不语。把课间积攒起来,也能做点事。不怕孩子犯错,就怕大人不做;不怕孩子反复出错,就怕老师的方法单一又不妥。

他并不是永远沉默寡言。有一个周六,他和同桌一起去买书,路过我居住的小区,正看见我在马路对面疾走,他大声呼唤:"老师好!"

我回头,越过众人的头顶,跟他们挥手,有一种人海遇故知的感觉。

下雪,我怕路滑,他和同桌贴心地搀扶我走过光滑的走廊。

这些,让我感觉人间值得。谢谢孩子。

3. 工作中的反思。

很抱歉,周二,我胡乱发了一通脾气。

周一晚上的作业,是整理字词。好嘛,包括课代表小白在内的一部分人,只写汉字,不写拼音。初中三年,这可不是第一次,而是第N次写这样的字词作业,连具体格式他们都忘得一干二净!

我改作业改出一头火！下课后，课代表小白来抱作业去发，我没头没脑地嘟囔道："懒得理你！"他未敢多问，莫名其妙地悻悻离开了。

我的火气未散。上课时，我压住火，开口便问："孩子们，通常我们的语文试卷前两题怎么出？"

孩子们说："字音字形！"

我严肃地质问："那你们为什么不写字音，只写字形？"

孩子们耷拉着脑袋，不敢出一言以复。

"好嘛，你们还知道错呀！"我意识到气氛沉闷，赶紧把语气调成平时的轻松幽默，气氛得以恢复。

事后，我忍不住笑自己，孩子们没写拼音，补齐并重提要求不就得了？这样空泛地批评一句，于师于生又有什么积极意义呢？

凡事要本着解决问题的思路去做。比如，之前邻居总把生活垃圾放到我家门前，口头提醒、小纸条留言，都无济于事。后来我友好地给他们指定一个适合存放垃圾的位置，我家门前就再也没有垃圾了。生活与工作是相通的，内心不平和，情绪不稳定，不积极地去想解决问题的办法，是我职业倦怠的一种表现，警惕，警惕！谨记于漪老师的话："一辈子做教师，一辈子学做教师。"

4. 独处时的思索。

在很多人看来，所谓"提高教育教学质量"，就是单纯地追求分数。狠抓分数，具体做法就是一味地背诵和默写，忽略阅读、赏析、练笔、实验，忽略孩子学得是不是开心。这种提线木偶似的做法要不得。提高教育教学质量，要抓的是理念、思维、态度、方法、毅力、情绪、品格和价值观。

上述微记录，有的超过千字，但写起来很轻松。我做班主任几十年，其中辛苦自不必说，可是自从把微记录引进班级建设，工作起来再也不觉得费劲儿了。2012年6月，我出版了26万字的微博体专著《笑着做教师》，我已经出版的另外6本书，以及此时正在写着的这一本，还有我的学术论文和科研课题，也都来自微记录的日积月累。更重要的是，长此以往，这些微小的记录，会演变成正向的习惯，积极的行为，持久的动力，让我们的生活更加厚重和丰富。

博大起自微小，精深来于平凡。关于微记录，我也有几点温馨提示。

第一，微记录是碎片化文字和散落型影像，为避免思维惰性，建议一两周归纳整合一次。第二，微记录形式短小精悍，但其内容要向纵深方向发展，建议随时扩充篇幅，拓展思维。第三，贵在坚持。微记录是班主任专业发展、深入教育科研的一种途径，我迄今已经坚持了15年。但教育从来不是一阵风，教育天地无限广阔，班主任专业发展、教育科研的道路千万条，不拘泥于微记录这一种形式。建议读者朋友把握时代脉搏，以开放心态和创新精神，持之以恒，创造属于自己的专业发展、教育科研的标签。

三、轮写班级日志，积累科研素材

"人过留名，雁过留声"，一个班级，从组建到毕业，有着她曲折生动的轨迹，也留下动人温馨的故事。班级日志，看似平常，实则是珍贵的历史资料、教育资源、科研素材。我们班的班级日志，由孩子们自主记录，按座位"S"形流转，每天一人，循环往复，人人都有话语权，无疏漏，免推卸。

（一）班级常态

10月10日　星期一　晴盼雨　记录人雨儿

1. 老杨教我们做三件事：善于提出问题、双手递接物品和微笑。就在刚刚,上自习,坐在教室最后排的老杨把一杯水弄洒了,找前排栋哥借抹布,栋哥半转身,很艰难,但依然双手递抹布,帅!

2.我该不该相信天气预报?昨天预报说有中雨,我通知同学们今天带伞、穿长袖衫,可现在阳光灿烂!老天爷呀,求您老就流两滴眼泪,以证明我这个班长有点预言能力好不好?

3.最后一节课的数学测试,考得不好,老杨询问,大家陈述各种理由。二丹说:"我真是太粗心了,居然$2\times4=6$!整个大题错完!"老杨说:"这种错误高难度啊!难为你了!"幽默风趣,这样的老班真好!

4.上示范课,老杨称呼我们为"孩子们"而不是"同学们",下课后被专家批评了,说她不庄重。我爆个料,其实那还不是最亲昵的称呼,她平时还称我们"亲爱的""娃"等等,我们则叫她"老杨",这有什么不好啊?

(二)心灵互动

4月23日　星期一　世界读书日　晴　记录人颖颖

哲学家周国平说,读者是一种美好的身份。今天,我们在读书,窗外画眉在唱歌。每一天的时光似乎是一样的,每一天的幸福又都是新的。

我同桌辰哥15岁了,生日快乐哈帅哥。各位看官,对"帅哥"这个称呼不要太当真!

快毕业了,我们还是按时上学放学。关于这个,老杨有语录:

1.在学校待了一天,放学路上的时光是很好的放松。

2.回家吃晚餐更有营养。

3.孩子不仅属于学校,也属于家庭,与家校双重沟通的孩子信心更强。

4.减少老师鞭策也是自我教育的契机。

5.好体质不是坐出来的,好成绩不是熬出来的。

嗯嗯，我们学得轻松，有好身体，还有好成绩。

忽然发现，我们是被老杨骗着长大的。12岁刚上初中的时候，我们班非常差，但老杨不嫌弃我们。我们读书时，她说："好极了！教务主任都在门外听见了！"我们扫地时，她说："政教处夸你们了！"她还说过："所有老师都喜欢咱们班！"现在我用15岁的眼眸，回望来时路，发现我们原来是在她的弥天大谎里变得越来越美好的。这是多好的事啊，可写着写着，我却想哭，因为没有人比她更爱我们。

好吧，忍住眼泪写点好玩的。老杨问我们："有人约我去外校讲《五柳先生传》，你们说我该怎么讲？"小冰说："从陶渊明说起……"小丁说："从《桃花源记》开始吧……"我说："老杨，你得先学画画儿，画五棵柳树……"老杨苦笑道："合着老师要学识渊博，还要多才多艺呀。我实在愚钝，画画儿是难成，我从你们感兴趣的穿越说起行不？"瞧瞧，老杨还是有两把刷子的，只是真人不露相而已。

语文课，我们讨论正面描写和侧面描写的区别，老杨举例："值日时，阿正早早到校，默默拿起扫帚，把教室打扫得一尘不染——这是正面描写。"同学们大喊："这是想象！这是夸张！"大家都笑了，值日总迟到的阿正脸红了。老杨，我的女神啊，您真是太厉害了！

历史课，我们把年代背得一片混乱，科科老师说："随意篡改历史，历史是绝不答应的！"

数学课，复习解方程，小杨老师说："这解方程小学都学过呀！"旭哥起哄："老师，那几天我请假啦！"

六六老师去北京了，小鱼将六六老师两周以来给她的作业批语全部剪下来，贴在班级日志上，哪怕只有一个"Good"。批语被贴得错落有致，满页的红，呈心形排列，真像火热的思念。旁边，有她写的一行小字："六六，等您回来！"

小丽不小心打翻水杯，满桌都是水，书和资料都被打湿了，我们赶快抢救，然后放在阳台上晒。坐在第一排的杰哥说："小丽正在晒知识，谨防被盗，我看护！"一阵春风吹来，内心温暖。

(三) 学习反思

5月8日　星期二　多云　记录人飞哥

老杨说，本次作文，大家的选材都很好，对平常的生活、琐碎的小事，有自己独特的体验；语言却不如从前，粗糙随意，缺乏斟酌；结构也不尽合理，或画蛇添足，或牵强附会。这是为什么呢？连续上八天课，终于换来两天休息，太放松？清明祭祖踏青，太忙碌？各科作业太多，疲于应付？还是因为潜滋暗长的浮躁？老杨要求班委调查。

我们调查后拿出解决方案：第一，自查，修改；第二，小组互评；第三，全班展评。

数学老师小杨发脾气了。因为我们作业质量降低了，做练习也只做加分题，有很强的功利心。自九年级以来，因为时间有限，师生交流少了，问题多了。小杨很生气，后果很严重。

我们做化学实验总出错，课代表坤哥来回巡视、指点、分析，像个科学家！他一教，我们就会了。哦，原来我们缺乏的是严谨操作的科学精神，得改！

颖姐早晨擦黑板不及时，老杨找她谈话，她耷拉着眼皮说："我就迟到一两分钟啊，我委屈死了呀！"老杨说："黑板擦得慢了，上面就还残留着头一天的板书，显得生活无序。但是，若你把黑板擦得光洁如新，一切准备就绪，有条不紊，课堂的庄重感不就显现出来了？"颖姐惊讶地看老杨："哇，这么神奇！"老杨笑了："对呀，你在从事一项多么伟大的劳动！"颖姐貌似……脸红了。

（四）对外交流

    6月5日 星期二 世界环境日 晴 记录人盒饭

  小碗给作家乔叶写信，言辞恳切，摘录如下：

  "乔叶老师，我喜欢您很多年了，您的好多作品，我都读过不止一遍，记得著名作家雪小禅这样称赞您：'这样一个女子，针一样的心，但凡这个世界给她一点一滴的好，她都会用针把它们缝起来，缝成一件华衣，给我们看。'今天班主任杨老师告诉我们，您也是河南人呢！说不定我们有机会看见您，还说不定我们就是您未来的同事，我真激动，充满向往。"

  今天还是世界环境日，不能辜负，我们给每一个水箱贴上卡通画，上书俗不可耐却又挺押韵的14个大字：龙头打开水哗哗，转身莫忘关掉它。

（五）畅谈志趣

    6月15日 星期五 晴 记录人沉默是金

  我是一个普通人，不像别人那样有宏伟抱负。我就只想长大后开一间书店，让来到书店的人有书看，有书买，有咖啡和果汁喝。书店应该有个小阁楼吧！来书店的人，一定有内向的"i人"和怕见人的"社恐"，小小的阁楼也许会给他们安全感，让他们在书的世界多停留一些时间。

（六）逸闻趣事

    2月17日 星期一 中雪 记录人大航宝

  今天是我八年级下学期开学的第一天。在这风雪交加的清晨，在漫长的上学路上，我努力克服内心的恐惧，迈着沉重而坚定的步伐，不畏一路的刺骨寒风，一步一步走向学校。

来到学校，见到老师和同学，很高兴，尽管他们还都是老样子，并没有长大的迹象。老师让小伙伴们谈谈感受，以下为精选评论。

1. 时间都去哪儿了？我还没玩够，寒假就不在了。

2. 告别了寒假的单人狩猎，我来到新学期，找到了新战友。

3. 都说每逢佳节胖三斤，我惊喜地发现自己胖了四斤。

4. 新学期，我们决斗吧，愤怒的血液和力量在我体内流淌。

5. 新学期，我光荣地从劳动委员这个职位下岗，到基层体验生活，但我没怨言。

（七）金言妙语

5月20日　星期三　晴　记录人灿姐

今天是个好日子，分享一点好玩的。

1.语文课，钢同学上台听写，"生命"一词只写了"生"。

老杨：孩儿，你咋不要"命"啊！

2.语文课讲《曹刿论战》。

老杨：历史上以少胜多的战役有哪些？

轩：孙悟空大闹天宫……

3.物理课，光叔讲完一道挺难的题。

光叔：所以啊，物理其实比数学难得多啊！

辣子鸡（低声）：那考试的时候它咋分儿还没数学高？

众人窃笑。

光叔没听见，继续说：这个专业太难，都没人报！

珂（低声）：所以您报了？

众人窃笑。

光叔仍然没听见，继续说：学物理的都聪明……

灿（低声）：这就是您发际线超高的理由？

众人窃笑。

光叔对这场吐槽一无所知。

4. 下午第一节课前，光叔点名：涛！

锦：睡了。

光：他回家了？

锦：没，他人在这儿，睡着了。

阳（小声）：灵魂已经去"吃鸡"了！（注：那一段时间涛哥沉迷"吃鸡"游戏。）

5. 学霸骋在班里写数学作业，半天写不出来。

骋自嘲：我居然被数学作业打败了?!

6. 一圈儿男生聊天，嘲笑小华个儿低，都摸他的头。

华：哼，你们现在摸吧，下个学期你们就摸不到了！

骋：咋？下个学期你就不来了？

华：切，下个学期就长高了我！

7. 新学期报到时收作业，物理手册交了又发。

轩：咋又发了？

骋（嘿嘿一笑）：三组就交了俩，老师就不想收了。

8. 菡：这是你的红笔吗？

键：啊，是我的。

菡：不好意思，我刚踩了一脚。

键（捡起来看了看，一扔）：哎，不是我的，你接着踩吧！

9. 语文课听写。

虎：何时眼前突兀见此屋，吾庐独破受冻死一族。（正确答案：亦足）

10. 骋：买了块黑旋风橡皮，语文考试名著阅读考的是李逵，真刺激！

11. 数学课，小雷雷吐槽。

第七章 笑着记录

师：你成天除了泼冷水还会干啥？

小雷雷：泼热水。

12. 几个男生用回答问题的方法抢关东煮，上课答一个问题，对方请一个关东煮。涛哥被点名上台板书。离开座位前，他得意扬扬：两个了啊！

13. 数学课，老师讲完一道题。

汝：老师，我还有一种方法。

师：讲！

汝：设 AB 为 x，所以 AE 也是 x……

师：然后呢？

汝：然后我发现我的方法不对。

14. 物理课。光叔：同学们，这道题思路是什么呢？

小郎：我不知道思路，只知道丝绸之路。

15. 菡：我给你讲，前两天键不是烫了嗓子不能说话嘛……

灿：是啊，怎么了？

菡：他今天在车站等车，有人向他问路，他一手捂着喉咙一手摇了摇，示意自己不能说话。

灿：然后呢？

菡：那人愣了一下，跟他打手语。

鲜活灵动的生活就这样被孩子们记下来，成为记忆，成为历史，可触摸，可怀念，可向往。有一个可以放置心情的地方，心就有归属感。班级日志还是孩子们淘气卖萌的地方，他们经常随手画插图，把普普通通的笔记本养护得图文并茂，生机勃勃。这些原生态记录，促使我们不断反思与改进，研究与探索。

记录我们的所思所想，所作所为，让它们在精神世界里存在。本章主要谈了以记录的方式开展教育科研，日常随笔、微记录、班级日志都与常态生活有关，却又都是常态生活的升级版。做科研没有那么难，只是，它需要时间。

第八章 笑着分享

学生和世人看不见我们在想什么，却能听得见我们在说什么，看得见我们在做什么。老师的日常言行，无不在潜移默化地感染着学生的心灵，影响着学生的人格发展。我们对学生的人格影响远远胜于知识的传授。

近年，经常收到全国各地班主任的来信，咨询一些班级管理中具体的问题，本章收录的是他们的问题和我的答复，也是一种分享吧。

一、专业修养：持续努力 + 终身学习

问：杨老师，您培养的学生里有多少成才了？最终考上名校多少人？您是初中老师，不直接送他们高考，您对他们的高考有多少积极影响？

答：我的学生，有成才的，有上名校的，具体多少人我没有统计过。这个没法统计。它不能作为评判我是不是好班主任的标准。评判我干得如何的标准，应该是我能否做到以人为本、平等爱人，是否关注到师生的持续成长，是否目光远大、心怀梦想。每个孩子都是一个鲜活的生命，每个生命都是一个丰富的世界，我爱他们，尊重他们，根据他们的年龄特点和心理需求，因材施教：唤醒与激发，启迪与帮助，鼓励与托举。未来，他们长成参天大树自是最好，变成小花小草也美妙。世界那么大，人各有价值，我们尽力帮助孩子成为最好的自己，至于我的帮助能否对他们的未来产生影响，产生多大的影响，我不确定。我愿意笑着耕耘，持续努力，终身学习。

问：如何让自己侃侃而谈？我总是很沉默，不知道该说什么，不管是在课堂上还是在其他场合，总是简单地说完几句生硬的话就没啥可说的了，如何改善？

答： 沉默是金，这是你作为班主任的优势。当别的班主任口若悬河、滔滔不绝时，你的沉默寡言、安静如水，更显珍贵。一个好的班主任，就应该少说话，多观察。当然，你的沉默，主要是无话可说，这又算是一个班主任的短板，可以做一些优化和改善。首先，多读、多听、多看、多学习，读书启智，读书增慧，读书润心，读书使我们的语言有文化底蕴，有表达底气；听广播，看视频，搜集俗语、谚语、歇后语，学人之长，拓展语言系统。其次，培育表达愿望。多与家人、爱人、友人交流，多与学生谈心，语言艺术是在言说过程中慢慢形成的。再次，挑战自我，参加演讲比赛，参加优质课比赛，参加班主任基本功大赛，担任活动主持人。备赛时可对着镜子练习，也可录音录像，研究语气的轻重缓急、重音停连，反复观看，反复演练，直至提升。最后，多写作。字斟句酌，言为心声，文字可以外化为语言。写作不是为了成为作家，而是为了成为一个言语流畅、表达得体的教师。这是一个持续成长、不断被优化的过程，值得我们心甘情愿付出毕生精力。

二、班级建设：解放心灵 + 引领成长

问： 在教学实践中，我们经常会看到"高分低能"的学生。他们学习成绩很好，分数很高，可是在待人接物、处理事情的情感、态度、意志、能力等诸多方面表现不佳，不符合未来社会的需要。在新课标、新课程、新教材、新高考、新评价的大背景下，班主任如何让学生高分不低能，促进学生的全面成长、可持续发展？

答： 我相信，没有孩子是先天"高分低能"的。问题出在教师和家长这些成年人身上。大人们急功近利，目光短浅，打着冠冕堂皇的旗号，把孩子捆绑在分数上，掠夺孩子的权利，扼杀孩子的天性，时长日久，孩子就只剩下高分数，而弄丢了高素质。没有大人的成长，便不会有孩子的真正成长。因此，在

我看来，以成长引领成长，才是让学生高分不低能的良策。

1. 改革课堂。将师者的大爱化为一场春雨，滋润孩子的心田，于无声处促进孩子自主、和谐发展：如果数学课是让学生有分工、有合作，亲手测量国旗杆有多高、护城河有多宽，也许他们就能学会与人交流、合作；如果在英语课上让学生表演经典电影的对白，也许他们会增加自信，勇敢表达；如果物理课是带学生去科技馆亲身体验，或者让他们自己搜集干电池和电源线做实验，也许他们就会因此而萌生投身科研的理想；如果在语文课上让学生说说他们最喜欢的句子，写写他们最想表达的情感，也许日后他们就真的可以让文字在指尖开花。这样的班主任，不再是疲于讲课的机器，而是神采飞扬的教育改革先行者；这样的孩子，不再是高分木偶，而将是高端人才。

2. 改革作业。学完了一个章节，师生同时布置作业，谁的科学用谁的；限时练习，期中期末复习，师生同时出题，谁的效益大用谁的。参与习题、试题的设计和命制，孩子就是主人，就能学会搜集资料、筛选资料、利用资料，引导他们使用 AI 工具检验习题、试题的科学性和合理性，同时，也培养他们为集体、为别人服务的责任感、使命感、成就感。渐渐地，孩子的手和脑都会灵动起来，既可独立思考，又乐于与人合作，这样的人，当然就会"高分高能"了。

3. 解放孩子，在活动中谋发展。孩子原本就是活力和生机的代名词，可他们的手脚常常被束缚、被牵制，需把他们从作业堆中解放出来：运动会，让他们做主持、当裁判；歌咏赛，让他们成为超级棒的导演和演员；还有拓展活动、航模比赛、温馨教室、爱心捐款、篮球队、合唱团、社会实践等活动平台——给孩子一个机会，孩子还我们一个惊喜。青涩少年时，他们策划一场精彩的活动；未来岁月中，何愁他们不能策划一份瑰丽人生？

4. 解放心灵，引领成长。班主任要有"顺风耳"和"千里眼"，要听得见孩子的心声，看得见孩子的未来。作为中小学班主任，教一届学生的时间是 3 年或者 6 年，可是，我们要瞭望的，却应该是他们今后的 30 年、60 年。为了可以真正了解孩子的内心需求，我们不管是 55 岁还是 25 岁，都要让自己回归到孩子们当下的年龄，和他们切磋学习，讨论做人，要带给他们对于自我、对于生活、对于未来、对于整个人类的自信和责任，使他们内心充满光明与喜悦，人格变得挺拔与伟岸。

问：娱乐圈有"百变天后"，学校里也不乏"百变班级"。同一个班级，有的老师上课时秩序井然，学习氛围很浓，让班主任看在眼里喜在心上；而有的老师上课时则乱成一团，学生说笑打闹，气得老师简直想拂袖而去。班主任在窗外视察时，教室里鸦雀无声，学生个个埋头学习；班主任一走，教室里人声鼎沸，违纪现象比比皆是。同样的班级，同样的学生，在不同的时候表现却大相径庭。"百变班级"自然不如"百变天后"受欢迎，要让一个班级表现出稳定的风格和健康向上的风貌，班主任需要从哪些方面来努力？

答：班级"百变"，孩子"百变"，我们的解决办法也跟着"百变"，一言以蔽之，顺应孩子的成长，引领孩子的成长。

1. 由衷表达出对孩子的感激。这份感激要具体：感激他们在某些课堂里表现出来的秩序井然、积极向上，感激他们在这样的课堂里热爱并创造知识的激情——有时候郑重严肃地谈，有时候幽默风趣地说，有时候又严肃又不失风趣地讲，有时候热情似火，有时候温柔像水，有时候冷静如铁。感激学生的方式变化不断，花样翻新，再捣蛋的孩子，被老师感激，而不是无休止地批评，都会有些许成长。他可能常常反复，但他一定热爱老师、维护老师。当然，班主任表达感激的真正目的是教会孩子"三省吾身"：我是否每节课都专心于汲取知识？我每节课的收获是多少？为什么某些科目我坐不住？在孩子反思的过程中，班主任也要积极参与，和孩子一起探讨，指引他们成长。

2. 组织班委精心搜集并整理"乱堂"老师的事迹。没有事迹，就找他的优势。没有优势，就在他的成长历程上做文章——总之，要发现他的闪光点。把这些背景资料准备好之后，策划召开《为我们的老师点赞》主题班会。发言人用生动的语言，辅以真挚的情感，讲给同学们听，以激发他们对这些老师的敬重。发言人要是有正气、有威信的学生，他们的话更有鼓动性和说服力，班主任只是幕后策划者、活动旁观者，但不充当说教者，这样更有利于培养学生的自省意识和自主意识。多开几次这样的主题班会或者微班会，有话明说，班主任就不必再窗外视察，毕竟，视察监督不是长久之计，老师累，学生烦，师生之间隔着的是一扇窗，更是千山万水。

3. 积极热情地和"乱堂"任课老师交流，研讨出提高课堂效益的好办法。毋庸置疑，孩子之所以"百变"，"乱堂"老师有不可推卸的责任：也许是教学经验不足，讲课不精彩；也许是知识不丰富，课堂内容单一枯燥；也许是没有笑容，批评打击多，表扬鼓励少，缺乏亲和力；也许是居高临下，目空一切，口若悬河却不切实际，不遵循孩子的发展规律；也许缺乏责任心，师德不达标……孩子的眼睛是雪亮的，凡此种种，都是失去孩子心的教学行为，班主任有必要也有责任和这样的老师恳谈，帮他们分析原因，给他们支招。也许有的班主任会想：大家都是同事，谁也不比谁高明到哪里去，我怎么可以对别人指手画脚呢？亲爱的朋友，话从你口里出来之前，你不是还要三思吗？"良言一句三冬暖，恶语伤人六月寒"，以诚恳真挚的情，说温婉得体的话，也许因此和"乱堂"老师成为挚友，传为佳话。

4. 学校给我们一个班级，就是给我们一个施爱的平台，孩子"百变"，我们也要"变"——变着法儿地唤醒、激发、引领，让我们的班级"风云变幻"，花开春暖。

三、师生关系：正向思维 + 情绪价值

问：班主任正在认真地向学生布置着大扫除任务。话音未落，小明同学说了句笑话，惹得同学们哄堂大笑起来。这不是明摆着对老师公开挑衅吗？班主任措手不及，怒火中烧，大声吼道："小明，你……你简直太过分了！"然后班主任竟一时语塞。请问班主任怎么做才能降服他？

答：小明能用一句笑话逗笑全场，说明他有语言天赋、幽默感和号召力。那么，对他的教育，可从正面入手。

在现场，老师要控制自己的情绪，不要怒火中烧。班主任可幽他一默："小明你能耐不错啊，能逗笑全场。那好，今天的大扫除，你带着大家一起干。要是干得不好，每天在班里讲五个笑话，不逗笑全体同学不算数；要是干得好，我提拔你当劳动委员或文艺委员，想当哪个'委员'你可以自选。"

事情过去之后，指导他做以下几件事。第一件，让他担任劳动委员或文艺委员。"将欲取之，必先与之"，对一个学生最大的"降服"，不是抓住他的错误穷追不舍，而是提供情绪价值，让他发挥积极作用。在大扫除和相关工作中，班主任可适当放手，给予他充分尊重和信任，让他代替老师来组织活动。他若组织得很成功，结合活动本身，及时给予具体有力的鼓励，激发他的成就感和荣誉感；他若组织不力，也不要立刻否定，而是要和他谈心交流，分析问题，和他一起解决问题，给予他心理慰藉与行动指导。如此这般，反复培养，反复锻炼，直到他能独当一面，有所担当。第二件，鼓励他参加各种语言表达类活动，让他主持班级文艺活动，给他表现的机会，让他在活动中学会成长，帮助他建立正确的自我评价与自我激励体系，促进他发挥特长，展示才华，为集体服务。第三件，创造各种机会与他谈心，帮助他厘清修养和素质的关系与意义。让他明白，当众起哄、挑衅老师，是低素质的表现，是一种弱者强出头的心态，以此为契机，帮助他认清自己，发展自己，丰富自己，成为更好的自己。

不想让园子里长草，那就种庄稼。所谓教育，不是仅从负面批评与指责就了事，而是应该从正面建设，积极引导，把负面情绪转化为正向能量。师生都有健康的心理、平和的心态，才是教育的诉求和宗旨。每一个让班主任措手不及、怒火中烧的案例，都意味着我们可以创造动人的教育故事。教育学生，也教育我们自己，前路很长，故事很美。

问：我班有一个特别难搞的孩子，叫小柱。思品课上，老师说："做人要诚实。"他就接话："诚实要吃亏。"老师说："要拾金不昧。"他又接一句："不拿白不拿。"老师气坏了，停下来训了他大半节课，可他毫不在乎，听得笑眯眯的，感觉还挺受用。数学课上，老师正在讲一道压轴题，他突然发出了一声鸡叫，教室里一下子炸了锅，全体同学哄堂大笑，还有好几个跟着学，气得数学老师满脸通红。而罪魁祸首小柱倒好，一本正经地坐着，跟没事人似的，这反差让同学们笑得更欢了。作为班主任，我该怎么办？

答：第一，朋友，您的写作能力很强，描述很生动，坚持下去，大有可为。第二，这个孩子很伶俐。爱出风头的孩子，多是因为得到的关注、关心、关爱不够。那就爱他，委以重任吧。他是有优点的，比如他具备良好的语言表达能力、表演能力、心理承受力和号召力。那么，给他一顶"高帽子"戴戴，让他"官拜"小组长。如再有点滴进步，便"提拔"；进步大，就连升三级，当个纪律委员什么的，他自会受宠若惊。然后，您还需给他分配一些他能做得好的事情让他去完成，比如让他组织一次课本剧表演。在学习上跟他立个君子协定，他达到什么程度，您给他何种奖励，让他品尝成功的喜悦，让他在您的信任和呵护中成长。

当然，这种"信任式教育法"并不是无原则、无限度的，在具体实施过程中，要随时维护班级的发展，随时矫正他的不良言行，使他发挥积极作用。或许他还会有反复，有时也会"旧疾复发"，但只要您能一如既往地认同他，总会有所改善——教育并非万能，我不敢说完全改变，总之他会好的。

问：我是一个工作认真、感情脆弱的年轻教师。我们班里有一个学生，经常因完不成作业而逃学，少则半天，多则一天。每当这时，我都很为他担心，总怕他被坏人骗走，甚至发动全班同学找他。而他的家长却对他置之不理，毫不关心。每次他回来，我苦口婆心地教导，推心置腹地交谈，都无济于事。我真的忍受不了这种精神折磨，也为自己找不到好的教育方法而羞愧。请问，面对这样的学生，我该怎么办？

答：孩子之所以经常逃学，有两方面的原因：一是学习困难，二是缺少家庭温暖。看来，您不仅要教育孩子，还要做好家长的工作，任务还十分艰巨哩。

不过，没关系，我十分乐意与您一起商量这个问题的解决方案。

  1. 试着与家长交流、沟通，采取积极、主动的态度，同家长建立和保持联系，充分开发有利于学生健康成长的家庭教育因素。这种联系应当具有经常性，绝不能把与家长的联系仅仅看成处理孩子出走的手段，以至于家长把老师的联系和来访看成"灾难的信号"。不难想象，任何一位家长都希望把自己的孩子培养成有用的人，但由于其认知能力、文化水平、职业特点、性格脾气、教育方法等诸多因素的限制，在孩子表现欠佳时，一些家长不能积极与老师配合，甚至对孩子不闻不问，这种做法也会对学校教育产生负面影响。这就有赖于您向家长宣传科学的教育理念和方法，宣传《中华人民共和国家庭教育促进法》，使他们认识到自己对孩子负有重要的教育责任，必须与学校配合一致，给孩子以家庭的温暖、父母的关爱，促使孩子健康成长。

  2. 建议您对孩子多关心，发动班委会、课代表给他学习上的援助。孩子出走的原因是完不成作业，可见他存在着知识上的漏洞。对于这样的孩子，苦口婆心的说教，反而显得苍白和空洞。卢梭说过："千万不要干巴巴地同年轻人讲什么理论，如果你想使他懂得你所说的道理，你就要用一种东西去标示它。应当使思想的语言通过他的心，才能为他所了解。"由此可见，重要的在于抓住学生心理，利用知识本身的乐趣激发他对知识的渴望，让他由于认识以前未知的东西而感到高兴和满足，也就是说，实实在在的学习指导和心理疏导才是他进步的动力，才是他安心读书的必要条件。

  3. 加强自身心理素质、情绪价值的培养，为学生做表率，树立乐观、坚强、宽容的教师形象。出走的孩子归来后，看到老师一脸的无奈与焦急，很有可能内心里充溢的不是愧疚、自责，而是胜利的快感，那么尝到逃学的甜头后，他会一而再、再而三地重复那些荒唐的举动，令您束手无策，这样便形成恶性循环。所以，学生归来后，您要严格要求，耐心教导，坚持正面教育，有理、有据、有节、有度地指导他成长。当然，您还要尽可能多地发现他的闪光点，注意培养他的特长，激发他的自信心。这注定您会为他付出很多，但教育真的没有捷径。神奇的是，我们也正是从这曲折的过程中获得教育智慧、成就感和幸福感的。

问：如果在班里严厉地批评了学生，后来发现您错怪他了，您会主动道歉吗？会采取怎样的方式道歉？如果您道歉，他针锋相对地拒绝，使您很没有面子，您又会怎么做？

答：我会主动道歉。既然是当众批评，就要当众道歉。当然，道歉之前要做充分的准备工作：先私下里找他本人沟通，这是一次通气的机会，避免当众他不接受，搞得自己尴尬难堪。准备工作做足以后，当众道歉，态度诚恳，还是能恢复良好师生关系、赢得学生尊重的。因为事先沟通过，我道歉时他当众拒绝的可能性不大。当然，我会有两手准备，如果他当众拒绝，我就自己找台阶下，自嘲一句："嗨，都怪我性子急，不问青红皂白批评了你，搬起石头砸了自己的脚。我都成反面教材了，同学们可别学我，批评人之前可先要调查研究，做足功课。"

接着，重新规划下一次的私聊，进一步沟通，直到取得学生的谅解。当然，教育是讲究时机的，急不得，相机而动乃为上策。

问：这学期，我的班里转来了一个男生，性格孤僻，不跟同学交往，也没有什么集体荣誉感。我本身是一个热情、开朗的人，我班学生也都生机勃勃、活泼可爱，在我们这个温暖的集体中，这个孩子显得格格不入。家访后我才明白，父母离异给他的心灵造成了很大的伤害。我试着跟他沟通，他居然有抵触情绪。请问，我该如何打开他的心锁，走进他的心灵？

答：于漪老师曾说："生活在学生心灵中的人是最幸福的人。"朋友，首先祝贺您愿意打开学生的心锁，走进孩子的心灵。我们的教育，应该是师生心灵的和谐共振，是师生互相感染、互相影响、互相欣赏的精神创造过程。对教育的思考，既要放眼未来，又要回到起点，这个起点就是爱心。爱心，就是通过自己的努力去帮助别人，同时自己也怀着感激之心去生活，去工作。孩子是活生生的人，教育的过程绝不仅仅是一种技巧的实施，而应该充满人文精神：教育的每一个环节都应该体现对人的理解与尊重，体现出民主、平等的现代意识。

著名的素描画家南希 9 岁时家庭遭遇重大变故：美貌而冷酷的母亲抛下破产的父亲和年幼的南希，嫁给了芝加哥的一位富商。这对南希的打击极大，使得她小小年纪就玩世不恭。更令她不能容忍的是，新到的班主任罗妮老师的模样，竟然很像她那恨之入骨的母亲！她对罗妮老师产生了强烈的抵触情绪。罗妮老师每次都以最大的宽容来对待她的反叛，但她根本不屑一顾，依然不是逃课满世界瞎逛，就是去酒吧喝酒跳舞，把对母亲的仇恨全部发泄在无辜而善良的罗妮老师身上。她甚至在课堂上用素描画丑化罗妮老师，称老师为"罗妮女巫"。罗妮老师非但没有生气，还夸奖说："从来没有见过这么好的素描！"老师深沉无私的爱，最终抚慰了一颗受伤的心灵，使顽皮的南希重新认识了自己，并因此而创造出自己辉煌的人生——这是多么美妙的教育诗篇啊！

越是受过伤害的心灵，越渴望关怀，也越珍惜感情。您班里的那个孩子，可能是对您还不太熟悉，或者还不太信任。若想与他实现心灵的对接，您还需要付出更多的爱心与耐心。我们常说："你怎么对待别人，别人就会怎么对待你。"您能带出一个生机勃勃、激情飞扬的班集体，也定然能够传递情绪价值，温暖和影响一个孤僻的孩子，打开一把紧闭的心锁，让那曾经受伤的心灵被爱的雨露滋润，绽放出鲜艳美丽的心灵之花。祝福孩子，也祝福您。

四、家校共育：宽容理解＋优化方法

问：这学期新接班，家长会上我发怒了，因为讲话声不断。也许是学校要求填的资料太多，很多家庭都是爷爷奶奶参会，不认识字的，不会填的，乱成一锅粥。唉，我该怎么办啊？

答：朋友，家长会是最难开的会，要至少提前一星期"备会"。要在会前有个预估，考虑到会是爷爷奶奶参会，就发动孩子们帮他们填资料。如果孩子小，不会写，就发动现场会写的家长或者任课老师做志愿者，帮忙填写。凡事要本着解决问题的宗旨而去，发怒不管用。你雷霆一怒，不识字的老人家还是不会填。家长会的次数不多，参会人又可能比你年龄大很多，每次召开，都是缔结家校关系的好时机。笑口常开，给予老人家人文关怀，他们感受到温暖，会更配合学校的工作。老师的悲悯心，是教育最美丽、最柔和的光。

问：秋季接高一新生，近一个月来，课间纪律总是不好，一讲道理，二举事例，三谈格局，四说要求，却依然如故，班级像个吵闹的菜市场。某天晚自习课，我习惯性地到班里看看，我刚走上四楼楼梯就听到五楼教室传来吵吵闹闹的声音。于是我借机让全班学生每人写一份说明书来共同反思这一现象。不料，家长将此事告到了校长那里，学校还专门派政教处主任跟我约谈，说要注意教育方法，不能搞"连坐"。我纳闷的是：通过共同反思培养每名学生的团队集体意识，是"连坐"吗？家长有异议能不能跟班主任直接沟通？领导听信家长的一个电话，就约谈，甚至还要上中层会。平淡又繁忙的工作需要投入精力，还有这些出乎意料的烦恼从天而降，我该怎么应对？

答：年轻的朋友，不可否认，确实有些领导很怕事，只要学生家长反映情况，他们就约谈老师，片面定位，而不是调查情况、商量对策。不用烦，慢慢来，先把自己做好。

朋友，不知您发现没有，你的四种方法都限于口头说教，不妨进一步探索更丰富、更优化的教育方法。我有五个方法供参考。方法一，擦亮眼睛，去发现乱糟糟的纪律中静悄悄的学生，进而研究他们因守纪带来的成长，或许是增强定力，或许是提高成绩，在合适的时机，让他们自述守纪的好处，或让同学讲述受到的感染，以此引领班级正向发展。当然，榜样的作用应该科学规划：榜样只能用来引领，不能用于比较，更不能捧杀，以至于被同学们孤立。方法二，给全体同学写一封信，谈谈纪律的重要性，在班会上读给学生听，启发他们建立正确认知。方法三，召开《课间纪律怎么维护》主题班会，发动全班同学讨论纪律维护方案。方法四，与班干部、小组长、"话题王"等人私聊，了解吵吵闹闹的原因，寻找解决办法，做好记录，不断跟进。方法五，建立班级微信公众号，发挥媒介作用，经常发布班级良性发展的图文，并转发到朋友圈和家长微信群，增进学生家长对班级和你本人的全面了解、关注与肯定，增强他们对班级发展和您专业成长的信心，时长日久，他们会成为正面消息的传播者，把您的优秀事迹传到校长那里，校长也会根据班级的良好运转，对您这位班主任刮目相看。相信吧，当初领导与您的约谈，日后自会变成赞美和褒奖。年轻的朋友，办法总比困难多，深度思考，不断探索，您一定会比现在过得好。

五、职业幸福：与时俱进 + 更新自我

问：我总觉得社会上对老师的要求越来越高，恨不得把老师都塑造成忘我奉献的机器才安心，老师稍有不慎，哪怕轻轻用手指点一下学生的额头，或者批评的言语重了一点，就有可能被告到上面去，而学生或其家长对我们破口大骂，我们却不敢还口。老师这个职业本来就十分辛苦，身心还要被许多条条框框束缚，难道教育学生要公平看待世界的老师，自己却得不到公平吗？

答：我们和各行各业的劳动者没啥区别，都是从事社会主义建设的普通公民，都有喜怒哀乐、爱恨情仇。可是，说不一样也真不一样，这个不一样就体现在一个"师"字上，我们做的是培育下一代的工作，我们的行业向我们提出了更高更严的要求：为人师表。

教师的工作很辛苦，备课、上课、批改作业、跟学生谈心、组织各种活动、跟学生家长交流，还要挤时间学习，不断充实提高自己。从清晨到深夜，几乎都在工作，没有多少时间料理自己的家务，没有多少精力照顾自己的孩子：别人下班了，可以清闲一会儿；教师下班了，常常还要挑灯夜战，备课、改作业忙得不可开交。不在讲台上，谁知其中累！教师的心苦更甚于身累，就算已经躺到床上，一想起学生的事，也时常思前想后，夜不安寝。"呕心沥血"这个

成语用在教师身上是最恰当的了。而为人师表，谈何容易！由表及里，从行为到心灵，都得给学生做出表率，都得接受社会监督。下一代不管我们姓甚名谁，全社会也不问我们姓甚名谁，在他们眼里，我们是"老师"。当老师不自由啊！幽默一点说，我们是"公众人物"。现在有多少双眼睛在看着我们！未来有多少双眼睛在审视我们！我们要接受社会的检阅，更要接受历史的评定。

当然，我们不是圣人，也可能有这样那样的缺点，但我们应该也能够做到：有缺点及时克服，知错必改而不文过饰非，努力留下令人尊敬的形象。

您信中提到某些顽劣孩子和蛮不讲理的家长的言行，我也见到过，"好心不得好报"的痛苦我也品尝过。我也常反思：我自身是不是也有不够冷静、言辞过激、态度生硬或方法简单等方面的不足呢？我们是老师，要多学习职业言行规范，管理情绪，言行得体，像您提到的轻轻点学生额头的行为，是要杜绝的，因为它存在问题被放大、有理说不清的风险，我们还是规避为妙。我20岁时，教小学二年级，有个孩子连续多次出现同一个错误，我一边教她一边拍了一下她的胳膊，她回家告诉了父母，她爸爸二话不说，就写了一张"大字报"贴到校门口，引来路人围观。"大字报"是特殊时代的产物，那个时代结束十几年后，他还拿这个来对付我。不仅如此，他还联络多位家长搜集我的"劣迹"，扬言把我"清除出教师队伍"。年轻的我吓得魂飞魄散，不敢上班。最终，我们学校的校长找到他的领导，才叫停了他的荒唐行为。这件事已经过去30多年，现在跟您讲述，我还心有余悸。所以，朋友，多自律，莫动手，也是对自己的保护。

刘墉说："最好的沟通者，不是最强的否定者、破坏者，而是最好的肯定者、建设者。"一个人，无论是成人还是孩子，总有他值得肯定的地方，即使他犯下了很严重的错误，我们也要先肯定他的优点，再批评他的错误。您越肯定他，他就越觉得您是一个可以交谈的人，也就对您越有好感，而对您有好感，又何来谩骂？我知道，有的孩子"皮"得很，煞费苦心也是白搭，当教师的也不可能没有心烦的时候，正像母亲有时候也为自己的孩子心烦一样。但正如苏霍姆林斯基所说："儿童身上没有任何东西是需要教师严酷对待的。"心灵沟通了，教育才会入心动情，才会产生效果和奇迹。

教师对学生爱得越深，沟通得越好，要求可能就越严格，而姑息、纵容、迁就则是对教师神圣职责的亵渎。严格才是更深层次的爱。只是，我们批评学生时要讲究教育艺术，能笑着说就不要板着脸说，说话有分寸，言语有温度，学生也容易接受。

教育家乌申斯基说："只有人格才能影响人格的形成和发展，只有性格才能形成性格。"看来，从思想意识、道德情操、事业志向、敬业精神、工作作风到仪态风度、待人接物、言谈举止，这一切都要与教师的身份相称。

学生和世人看不见我们在想什么，却能听得见我们在说什么，看得见我们在做什么。老师的日常言行，无不在潜移默化地感染着学生的心灵，影响着学生的人格发展。我们对学生的人格影响远远胜于知识的传授。在教育工作中，悄然无声地以高尚的人格培养人格，以良好的修养影响修养，胜过空洞说教、高声训斥、粗暴指责。

教师的工作虽然平凡普通，虽然艰辛繁忙，虽然会不时地遭人误解，但这也是一份创造性劳动，是一份影响人成长的精神活动。愿我们从身心健康、人格魅力、学识魅力方面出发，关爱自我，更新自我，为培养德智体美劳全面发展的一代新人而振奋精神，笑口常开。

问：我自认为是一个有责任心的班主任，为了提高学生的成绩，我起早贪黑，昼思夜想，力气没少使，办法没少想，可就是出不了成绩，弄得学生和家长怨声载道，我真难过呀，为此我已经大病了一场。我还不够敬业吗？为什么付出却没有回报？

答：对于一个老师来说，最重要的是教育观念和教育方法。恕我直言，若只是"为了提高学生的成绩"，那么，越是"责任心强"，越可能误人子弟——您知道，我反对的当然不是责任心强，而是那种陈旧的、毫无生命力的教学方法，我反对的是题海战术、软磨硬泡。我总觉得，与其在题海里溺水、挣扎、不得要领，倒不如把那些重复了许多年的、毫无意义的试题拿出去当废纸卖掉。

题海战术那一张旧船票，无法登上时代教育的新客船。

我们必须学会科学地敬业。科学地敬业，是认真备课，认真上课，认真改作业、批试卷的同时，拿出时间，走进孩子们的心灵，切实了解他们成长中的喜悦、困惑、烦恼，给他们以正确的引导；科学地敬业，是正确把握时代的脉搏，走在时代的前沿，不仅授学生以知识，而且授学生以学习知识的方法，助其轻松、愉快地成长。

时代变了，学生的思想观念与思维方式、师生的关系也都发生了变化，教师要多读书，多学习，不断地为自己提供足够的思维运行空间，运用具有先进性、前瞻性的教育理念，提升自身素质，形成自己的教育理念和教育方法。我们生活在信息时代，每天都有新的信息通过各种媒体传播出来。如果只是一味埋头教学，缺乏提取信息的自觉性，就会落后于时代，落后于学生，产生信息落差，窄化教育教学内容，削减教育方法，最终会影响教育教学效果。

另外，恕我直言，您为工作而损害了健康也非明智选择。对教师而言，教育也是一种生活，充满人文精神，也充满理性反思，不是非理性的奉献。建议您做一个长期主义者，疲惫的时候，不妨稍作停留，"没有时间休息的人，迟早会腾出时间来养病"。也建议重新规划，把强身健体提到议事日程，列一个每日半小时或一周三次运动计划并积极落实。当我们身心轻快地走出一条理性、艺术的教育之路时，才算是达到了科学地敬业，也享受到了职业幸福。

问：自从踏上讲台的那天起，我就暗下决心，一定要做一名优秀的教师，"桃李满天下"。但在我一次次耕耘总得不到收获的时候，在我一次次拼搏却难尝甜果的时候，我开始讨厌教师这一职业。我不明白，为什么我班学生的成绩总是那么差？一位同事说因为我脾气太好。我想问，一个好脾气的教师就带不出一批好学生吗？

答：作为教师，应该有"桃李满天下"的眼光和志气，要从眼前看到未来，从校内看到校外，从国内看到国际，不能只看面前一座山，不能只看头顶一片天，要看到山外山、天外天。三尺讲台，意义深远，它与孩子们的一生、与国家的未来、与人类的进步，紧紧相连，息息相关。从这个角度来说，教育就是一首诗。当然，要解读这首诗，应该不尚空谈，力戒浮躁，要脚踏实地，从现实出发，从现在做起，从每一堂课做起，从每一件日常小事做起，避免片面的短期教育行为。当您的付出得不到回报时，当您的拼搏不能结出甜果时，您不妨静下心来，认真反思，充实自我，寻找改变现状的方法，而不要陷入无尽的苦恼和厌烦。这些负面情绪，非但不能提升您的工作能力，反而会成为您成长的阻力。我们对待工作，要想干，会干，多干。想干和多干都不难，难的是会干，建议您树立自信，并且珍视这种自信。

我们再来看一个问题：古今中外的大教育家，哪一个不是胸怀理想、意志坚定、充满激情和诗意？哪一个不是爱满天下？哪一个又是靠"河东狮吼"的坏脾气成才的？教师稳定的情绪、严慈相济的教育方法、人格魅力、学识水平、对学生的理解，本身就是一种天然的教育资源，是成功的秘诀。不要把教育家看得多么神秘，其实更多的时候，他们像我们一样平平常常地生活，以愉悦的心情，感受孩子世界里的独特色彩、迷人旋律和丰厚内蕴，把自己当作孩子的一分子。为了更好地体现教育的民主性和科学性，建议您观照自己的内心，优化教育理念，不断完善知识结构，提升教学能力，激发学生的学习兴趣，濡养平和从容的职业状态。

六、子女成长：厘清认知 + 有效陪伴

问：杨老师，我是一名高中班主任。可是，我却做不通女儿的思想工作。我女儿12岁，下学期上初中，追星族，偶像是一个95后明星。她买他的影集，搜集他的资料，对他的故事津津乐道。我查阅了这个明星的资料，跟她谈了一次话。我说："你不要肤浅地追星，而要探究、学习他成为明星背后的原因，比如他持之以恒的精神，他为了成为明星的艰辛付出。"我还跟她说："你买他的各种资

料太费钱，咱家就我一个人当老师的工资，你妈妈没有工作，你不要乱花钱。"那天我们聊了很久。可是，隔了两天，她又给我写了一封信，很长，提出给她48块钱购买那个明星的画报。末尾，她说："爸爸，如果您还是不同意，我就不买了。我就是想听您的真心话，急盼回信。"请问杨老师，我该怎么给她答复呢？

答：您是一位很称职的爸爸。女儿追星，您没有简单地责备或者粗暴地制止，而是查阅明星资料，更多地了解他，以便与女儿深度交流。关于您给她的答复，我建议，首先，给予理解与肯定，她懂得沟通，也很明白事理，她相信爸爸的价值判断与决策能力。然后，温和而坚定地拒绝买画报。这是为她未来考虑。您跟她深谈过之后，她依然要买画报，可见她并没有理解追星的真正内涵。追星不是错，但稀里糊涂地追星、盲目崇拜，就是错。青少年追星，是因为自我认知不足，对自己信心不够，而对他人产生精神依赖。明星多半拼流量，闲不住，今天出画报，明天出影集，后天开演唱会，他出什么她就买什么，还真是太花钱，费精力，耗时间，这是个无底洞。要引导她明辨是非，厘清认知，从对明星的过度关注转移到为自身成长不断努力，可陪伴她写成长日记，记录自己的闪光点、开心事、解决问题的过程，从中发现自己的进步与发展，建立自信心。每个人都可以成为自己的偶像。她才12岁，还没有上初中，世界观、价值观尚未完全形成，这是一个很好的时段，多观察，多交流，多指引，发现她成长中积极正向的因素，及时具体地给予肯定，但也不放纵，不姑息，允许她率性表达，您一定能帮到她。

问：（三个多月以后）杨老师好，我女儿暑假后上了初中。在追星上她有所收敛，我也就没有再提这事。期中考试，六七十人的班级，她考了第13名。家长会后，老师给学生布置作业，让他们给父母写一封信，说说自己的心里话。我女儿在信里再次提起自己追星。她说："爸爸，我追星不仅是因为他长得帅，更因为他是通过五年的打拼才走到今天的，他还热心公益事业，平静地对待流言蜚语，他是一个正能量的人。我也知道咱家条件不好，妈妈没工作，我不会为追星花很多钱。但是请您不要干涉我追星，可以吗？"我也搞不清追星是否影响她的学习，杨老师，我该怎样回复？

答：不管追星是否影响她学习，青春期的孩子都需要厘清认知，有效陪伴。我建议，给孩子三个肯定：一是肯定她坦诚与父母交流，向父母倾诉心声；二是肯定她体谅父母不易，不因追星乱花钱；三是肯定她不仅仅看到明星外形帅气，也看到对方的精神风貌和正能量。但也要给她温馨提示，偶像再好，都只是别人，不能主宰自己的生活，既然看到了偶像成名不易，就应该以偶像为榜样，积极努力，不断进取，做一个像偶像那样有力量的人。正确地追星，不仅仅是克制消费，更是正确认识自己和偶像的关系，在偶像的精神影响下，成为更好的自己。愿孩子好，愿您耐心等待孩子的成长。

问：杨老师，我有一件烦心事要请教您。我儿子要来我任教的学校上七年级了，因此我也教七年级，做班主任。我儿子小学成绩一直中不溜，学习自觉性、主动性很差，我一直纠结要不要教自己的孩子。急盼您的意见！

答：朋友，孩子长大，升入初中，可喜可贺。可是，到底要不要教他，成了您的烦恼。我想，您的烦恼来自对孩子的成长和自己的能力信心不足，不确定自己亲自上阵教孩子，能否把他从中不溜变优秀。您是一个责任感强的妈妈，为了提高孩子的学习成绩，选择了跟他在同一个年级。但我建议您把他交给别的老师带，因为您似乎只是粗线条看到孩子"学习自觉性、主动性很差"，对孩子的优点和特长只字未提，这不是一个全面公正的评价。孩子在您班里的话，母子就完全零距离，家里、学校里，没有任何缝隙，过度关注，全面跟踪，您将看到他更多的缺点与不足，随时监督指点，这会让孩子反感，母子都会过得痛苦。您担心他主动性差，那么就找个善于调动孩子主动性的班主任，放心地把孩子交出去，您和孩子之间，也会"距离产生美"。马克·吐温说："一句真诚的赞美，就能让我多活两个月。"孩子的成长，不是硬性要求，不是刚性命令，不是过高期待，要在具体事件和日常时光里，擦亮眼睛，多看他的优点、长处与进步，适时表扬鼓励，有效陪伴，促进持续成长。这样，您将看到一个不一样的孩子，也看到不一样的自己。

后记

笑着，写着

时间真的好巧。这本书，2023年1月22日癸卯兔年的春节，在江苏南通动笔；2024年2月14日，甲辰龙年的正月初五，在北京修订完成。光阴迅速，我写了一年多。

这一年，我南来北往，东奔西走，在江苏南通写过，在河南郑州写过，在湖南长沙至河南郑州的高铁上写过，在华东师范大学写过，在北京师范大学写过，在新加坡国立教育学院写过，最后在北京的母婴护理中心定稿。"读万卷书，行万里路。"走的地方多，不断有新的想法，反复在修订。从一个春天到又一个春天，笑着，写着，我喜欢这样活得诚恳而热烈的自己。

感谢卢编辑不催稿，给我宽松的写作环境。感谢发行经理韩中原先生，在我去上海学习时接站，深谈，对本书的写作提出中肯建议。

说起这本书的写作，还有一段故事呢！

从 2022 年开始，家人就在讨论我退休的事。按照国家退休政策，原则上我是 2028 年 60 岁退休，也可以选择提前 5 年在 2023 年退休。女儿心疼我平时工作累，强烈要求我 2023 年退休，到她的工作地北京共享天伦之乐。我欣然同意，决定 2023 年退休，开启京豫双城生活。然而，到了时间点儿上，我突然舍不得这样离开工作岗位。我决定，在这个校园，干到 2028 年。

女婿不解地问我："妈妈，您又辛苦又不涨工资，为什么不选择过优游自在的退休生活呢？"

这或许就是代沟吧！北漂的年轻人，工作是为了以劳取酬，创造物质财富，获得精神愉悦；而我做老师几十年，校园里有我生生不息的工作乐趣，有我正在奔赴的人生梦想——这些，足够令我忽略报酬。

孩子明白了我的心思，也不再勉强，只说："妈妈，您过得开心就好。"

2024 年 1 月 7 日，外孙女出生，我做了姥姥。但那两天恰逢南京举行全国班主任大会，我应邀去作讲座；教育时报新年大会，我应邀参加。没能亲自迎接外孙女的到来，很是遗憾。一个星期后，我匆匆见她一面，又回到工作岗位。2 月 7 日，我到北京她们母女入住的母婴护理中心参加宝宝的满月派对，接她们回家过大年。

当我还在高铁上的时候，接到噩耗，女婿 85 岁的奶奶溘然长逝！此时，女儿的伤口尚未痊愈；宝宝重度蛋白过敏，外加乳糖不耐强阳性，母乳不能吃，奶粉管得了蛋白过敏就管不了乳糖不耐，管得了乳糖不耐又管不了蛋白过敏，这小小的婴儿，吃喝拉撒遇到重重困难，小护士称她这是"绝杀"。老人离世、产妇未愈、婴儿忍饥，新年到来，多事加叠，悲喜交集，电视剧都写不出的剧情，在我们家上演了。

我们商议后决定：女婿回老家安排奶奶的后事，我和女儿带着宝宝在护理中心续住。

女儿说："妈妈，越是艰难，我们越要积极乐观地过好新年，照顾好宝宝，照顾好自己。"是的，不管发生什么事，我们都要好好过！我在这里把这段跌宕起伏的故事记录下来，当作珍贵的礼物送给宝宝。当她长大，了解了自己的生命之初有过这段传奇经历，一定会更加珍爱自己、热爱生活吧！

给我们力量的，还有《飘》里斯嘉丽的窗帘裙以及她的话："明天又是新的一天！"

女儿住进护理中心的时候，带的都是月子服。我恰好带去了几件中式服装，是我们俩都喜欢的款式和颜色，我们母女俩混穿，日子照样过得明媚。

在护理中心，女儿和专护师莹芳照顾宝宝，我在安静的阳光厅写作。女婿回来后，我的时间更充裕了。他们适时在我的案头放上养生饮、水果和点心，贴心地照顾我。我很受鼓舞，原本已经确定但又不够满意的部分，推翻重写。是家人给了我重建自己的勇气和力量。所以，我在本书的扉页上郑重地写下："谨以此书献给我的家人，感谢他们的理解与支持。"

女儿女婿一边打理我们的生活，一边研究宝宝的奶粉。感谢专护师莹芳的细心记录，女儿女婿通过数据分析，终于找到了一款适合宝宝吃的奶粉。这是我们问诊的知名儿科专家所不曾想到的方案。父母才是孩子的保护神。全家人齐心协力，"八百里加急"，联系供货商购买奶粉，保证了宝宝吃好睡好玩好。笑着生活，笑着工作，笑着克服困难，笑着解决问题，人生都是相通的。

日常也有人叫我"笑老师"，而不称我"杨老师"。他们告诉我："你的笑容好治愈！笑着做教师，笑着做班主任，真好！"

笑着做班主任，运气不会差。2023 年，郑州市人民政府聘请我为政府督学；郑州市文明办评选我为"郑州市好市民"；河南省教育厅认定我为首届中小学班主任工作指导专业委员会委员、中原名师、河南省教师教育专家；河南省班主任研究中心聘请我为特聘专家；河南班主任智慧书院聘请我为导师，他们说，"笑着做班主任，这样的理念，会让更多班主任和学生获得幸福"。

河南省委宣传部、河南省委教育工委、河南省教育厅，选树我为"首届河南省教书育人楷模"，给我的致敬辞是：

你笑着做教师，眼里有光，心中有爱，和学生一起相互促进、共生共长；你笑着做班主任，指尖有智，口中有趣，引导学生树立理想、逐梦未来。你依恋讲台，为课痴狂，都会、小城、山乡，都有你笑着深耕课堂的可爱模样。你是首届河南省教书育人楷模——杨卫平。

感谢我的学生，有学生说："总想跟杨老师说点啥，再说点啥，总有说不完的话！她有那么多年的教龄，却还能快乐地跟我们这些小孩做朋友，真让人喜欢！我妈妈都好羡慕我，她说，好想重新回到学校上学啊！"

所以，这本书也是写给我亲爱的学生们的。他们说："总有一本杨老师的著作，让我们可以找到自己，让我们知道自己有价值，很珍贵。"

2024年初，我到新加坡，再次聆听符传丰博士的讲座，此时他是华文教研中心院长。和14年前初见时一样，他的讲座风趣幽默又意蕴深厚。他说："办教育就是要让大家觉得爽。"他之所谓"爽"，应该就是"笑着"吧！

"我一见你就笑/你那翩翩风采太美妙……"笑着做班主任，是一首动人的歌，百听不厌，千唱不倦。

笑一笑，十年少。愿我们的班主任，不为工作所累，不为岁月所苦，永远年轻，永远"笑着"！

龙行盛世，喜迎春来。感谢为这本书撰写推介语的各位专家，感谢为本书付出心血的挚友王传铭博士、闺蜜萍姐和灵儿。感谢陪伴我、鼓励我写作的师长、亲朋、同事、网友和读者。愿读到这本书的所有人，身心愉悦，笑口常开。

2024年2月14日（甲辰龙年正月初五）于北京禧月阁